구약성경을
보다

구약성경을 보다 2

1판 1쇄 발행 2014년 12월 17일

지은이 찰스 F. 켄트 **해설 및 감수** 우수호 **옮긴이** 박일귀 **펴낸이** 박찬영
편집 서유진 **교정 · 교열** 안주영 **그림** 문수민 **디자인** 이재호 **마케팅** 이진규, 장민영
발행처 (주)리베르스쿨 **주소** 서울시 성동구 성수일로77 서울숲IT밸리 301호
등록번호 제2003-43호 **전화** 02-790-0587, 0588 **팩스** 02-790-0589 **홈페이지** www.리베르.com
커뮤니티 blog.naver.com/liber_book(블로그), www.facebook.com/liberschool(페이스북)
e-mail skyblue7410@hanmail.net **ISBN** 978-89-6582-065-9(세트), 978-89-6582-064-2(04230)

리베르(Liber 전원의 신)는 자유와 지성을 상징합니다.

일러두기
1. 맞춤법은 표준국어대사전을 따랐다. 단, 성경에 나오는 인명과 지명 표기는 개역개정 4판을 따랐다.
2. 본문에 처음 나오는 주요 인명과 지명에는 영문을 병기했다. 영문 표기는 NIV를 따랐다. 단, 인명은 정확한 정보 전달을 위
   해 달리 표기하기도 했다.
3. 문장 부호는 다음의 경우에 따라 달리 표기했다.
   「」: 성경의 책들 · 회화 · 조각, 『』: 단행본

구약성경을 보다

②

통일 왕국 시대 II ~ 포로 시대

Bathsheba at the Bath

Judgment of Solomon

Naboth's Vineyard

Babylonian Captivity

㈜리베르스쿨

머리말

청소년과 성인 누구나 쉽게 읽을 수 있다

『성경을 보다(원제: The Children's Bible)』는 구약 성경과 신약 성경에서 간추린 이야기를 읽기 쉽게 편역한 책입니다. 이 책은 저자가 성경을 25년 넘게 관찰하고 연구한 결과물이라 할 수 있어요. 내용은 성경 원문이지만 청소년의 눈높이에 맞춰 다시 썼기 때문에 어린이와 성인 누구나 쉽게 읽을 수 있지요. 그렇다고 아주 쉬운 표현만 사용하지는 않았습니다. 성경을 읽으면서 새로운 표현이나 용어의 의미도 하나씩 배워야 하기 때문이에요.

성경에는 청소년들이 그리스도교를 이해하는 데 필요한 기본적인 내용들이 담겨 있습니다. 구약 성경과 신약 성경에 나오는 영원불멸의 이야기들과 시들은 아주 먼 옛날부터 전해 오는 값진 유산이에요. 이 위대한 유산을 청소년이 이해하고 즐길 수 있을 만한 언어로 전하는 것은 부모님과 선생님의 의무자 특권이지요.

『성경을 보다』가 부모님과 선생님의 오랜 소망을 만족시켜 주길 진심으로 소망합니다. 『성경을 보다』가 청소년들에게 유익한 것을 제공하고 그들의 흥미를 불러일으키는 데, 더할 나위 없이 좋은 책이라 자부해요. 청소년들이 이 책에 실린 이야기들과 시들을 좋아한다면, 훗날 진심 어린 관심으로 성경 전체를 읽고 싶어 하고, 또 읽을 수 있을 것이라 믿습니다.

지은이 씀

성경이 스스로 말하게 하다

이 책을 막 펼쳐 보았다면 성경에 조금이라도 관심이 있는 사람이겠지요? 이 책을 끝까지 다 읽는다면 여러분은 아마도 성경을 좋아하게 될 것입니다.

유명한 고전일수록 잘 읽히지 않는다는 말은 딱 성경을 두고 하는 말 같아요. 성경은 살면서 꼭 한 번은 읽어 보아야 하는 고전이라고 합니다. 하지만 가까이하기는 쉽지 않지요. 어찌 보면 당연합니다. 성경은 본래 하나님 나라에 대한 놀라운 비밀을 담은 '신비한' 책이기 때문이지요. 일반 상식으로 내용을 전부 이해하는 것도 어려운 일이고요. 성경이 쓰인 역사적·문화적 배경도 21세기 대한민국과 시·공간적으로 너무나 동떨어져 있습니다. 즉, 읽어도 무슨 내용인지 잘 모르고, 무슨 내용인지 모르니 재미없고 가까이할 수 없는 책이 된 거예요. 아무리 영양가 좋은 음식이라도 맛이 없으면 손이 잘 가지 않듯 말이지요.

그래서 성경을 쉽게 풀어 쓴 책이나 해설서 등이 쏟아져 나오고 있습니다. 먹기 힘든 성경을 먹기 좋게 요리해서 내놓은 책들이지요. '성경을 보다' 시리즈도 같은 맥락에서 기획되었어요. 부디 『구약성경을 보다』, 『신약성경을 보다』가 성경에 이르는 좋은 통로가 되었으면 하는 바람입니다.

'성경을 보다'만의 특징이 여러분에게 도움이 되었으면 합니다. 많은 사람이 예나 지금이나 성경은 종교 경전이기 때문에 토씨 하나 바뀌지 않고 후대에 전해져야 한다고 생각합니다. 그래서 100년 전이나 1,000년 전이나 성경의 내용과 표현 방식에 큰 차이가 없는 것이지요. 덕분에 세월이 흐르고 세상이 변해도 독자는 성경에 담긴 본래 내용과 표현, 분위기 등을 생생하게 느낄 수 있어요. 저자 역시 성경 원문의 느낌을 최대한 살리려고 노력했습니다. 여러분은 이 책을 읽고 성경이 주는 감동을 깊이 느낄 수 있을 거예요.

저자는 이처럼 성경 원문의 느낌을 그대로 살리기 위해 성경에 어떤 해설도 달지 않았습니다. 신앙인이 아닌 일반 독자가 성경에 다가가기 어려운 이유 가운데 하나는, 여타의 성경 해설서가 믿음을 '강요'하듯 성경을 해설하고 있기 때문이에요. 신앙인이든 일반인이든 성경을 성경 그 자체로 마주하고 싶은 사람이 있을 겁니다. 어쩌면 새로운 관점으로 성경에 접근해 보고 싶은 독자도 있겠지요. 하지만 방대하고 복잡한 성경을 읽어 내기란 쉬운 일이 아니에요. 이러한 독자들에게 '성경을 보다' 시리즈를 권합니다. 이 시리즈는 성경에서 중요한 이야기를 뽑아 편집한 책이에요. 물론 이야기를 가리는 과정에서 저자의 의도가 반영될 수는 있습니다. 하지만 저자는 구체적인 해석을 덧붙이지 않았지요. 성경이 스스로 말하게 한 거예요.

'성경을 보다'는 원저에 '보다' 시리즈의 옷을 입혀 탄생한 책입니다. 이 시리즈에는 수많은 명화가 수록되어 있어요. 여기에는 성경을 접한 옛사람들의 감동이 고스란히 녹아 있지요. 『구약성경을 보다』, 『신약성경을 보다』는 텍스트와 예술 작품이 어우러진 책입니다. 여러분은 예술 작품을 찬찬히 감상하며 고전을 읽는 특별한 즐거움을 만끽할 수 있을 거예요. 그러다 보면 옛사람들이 성경을 읽고 느낀 감동이 여러분의 마음에도 살아나겠지요.

　성경은 말 그대로 '성스러운(聖) 경전(經)'입니다. 제목에서부터 범접할 수 없는 아우라가 느껴지지요. 실제로 성경은 심오한 진리와 천국의 보물이 담긴 책이에요. 하지만 성경에는 하나님과 천사들과 그들이 사는 머나먼 천상의 이야기만 있는 것이 아닙니다. 성경에는 오히려 이 땅에서 살아가는 사람들의 이야기, 즉 '우리들의 이야기'가 담겨 있어요. 지난 역사 속에서 하나님과 사람들이 만들어 낸 좌충우돌 에피소드들을 엮은 것이 바로 성경입니다.

　모든 사람이 함께 읽고 즐길 수 있는 성경 이야기책을 기획하고 번역했기 때문일까요? 저는 이 책을 옮기면서 성경이 단순한 신앙 서적에서 벗어나 남녀노소 누구나 공유할 수 있는 책이 되길 바라는 마음이 커졌습니다. 동시에 지금까지 저도 성경은 신앙인만을 위한 책이라는 편견에서 크게 벗어나지 못했다는 것도 깨달았지요. 성경을 왜 종교 경전을 넘어 위대한 인문 고전으로 꼽는지 책을 준비하는 과정에서 새삼 생각해 보게 된 거예요.

　우리나라에서는 여전히 인문학이 유행하고 있습니다. 개인적으로는 인문학의 유행이 아니라 일상화가 이루어지길 간절히 바라고 있어요. 이를 위해서는 독자들이 오리지널 인문 고전을 많이 읽어야 한다고 생각합니다. 특히 감성과 인격이 자라나는 청소년기에 고전의 참맛을 경험했으면 해요. 입맛을 알게 되는 첫 경험이 무엇보다 중요하니까요. '성경을 보다'가 성경이라는 오리지널 인문 고전의 참맛을 알려 주는 데 커다란 역할을 하리라 믿습니다.

옮긴이 씀

차례

6장 분열 왕국 시대

7장 포로 시대

⑤ 통일 왕국 시대 II

다윗은 블레셋 장수 골리앗을 무너뜨리고 이스라엘 사람들의 인기를 한 몸에 받습니다. 덕분에 사울의 시기와 질투도 사고 말지요. 사울에게 쫓겨 다니는 신세가 된 다윗은 결국 적국 블레셋으로 망명하기에 이릅니다. 한 편, 사울의 정신과 영혼은 나날이 피폐해졌어요.

사울에게는 요나단이라는 아들이 있었습니다. 하지만 하나님은 다윗을 이 스라엘의 두 번째 왕으로 세웠어요. 이스라엘은 다윗 재위기에 비로소 국가의 면모를 갖추기 시작하지요. 다윗은 이민족의 침입에 대비해 군대를 체계적으로 조직합니다. 또 한 예루살렘을 나라의 수도로 삼아 '다윗의 성'이라 불렀어요. 예루살렘에 거대한 하나 님의 성전을 건축할 계획도 세웠지요.

왕위를 물려받은 솔로몬은 '지혜의 왕'답게 통치 체제와 행정 체계를 정비하는 데 탁 월한 능력을 보입니다. 솔로몬은 다윗이 구상했던 하나님의 성전을 완성하고, 자신을 위한 왕궁도 건설하지요. 하지만 건축 비용을 충당하기 위해 많은 세금을 걷고 지나치 게 노동력을 착취하는 바람에 백성들의 원성이 자자했습니다. 결국 솔로몬에게 반역하 는 무리까지 등장하지요. 그 외에도 솔로몬은 이방신을 허용하거나 지나친 향락을 누리 기도 했어요. 결국 이스라엘은 솔로몬이 왕좌에서 내려온 후 민족 분열이라는 엄청난 비극을 겪게 됩니다.

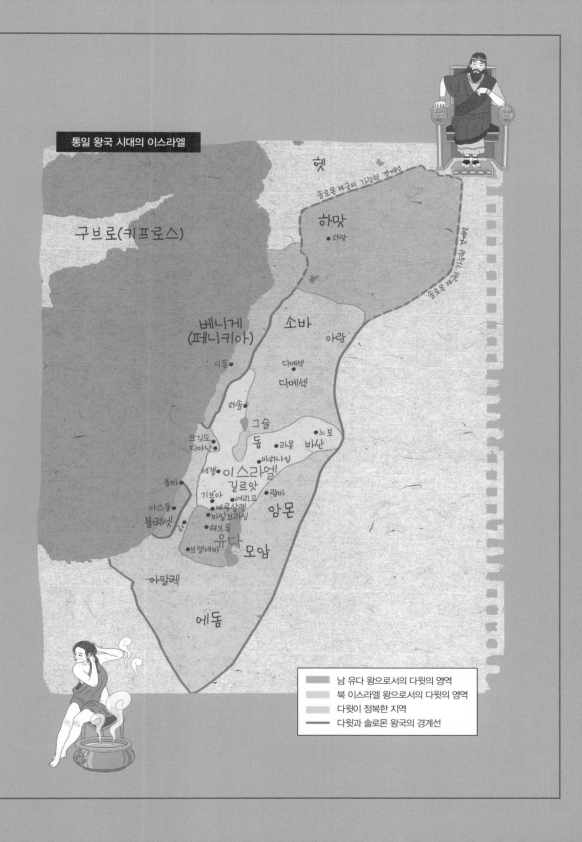

통일 왕국 시대의 이스라엘

헷

구브로(키프로스)

솔로몬 제국의 가능한 경계선

하맛
• 하맛

솔로몬 제국의 경계선

베니게
(페니키아)

소바

아람

시돈 •

다메섹 •
다메섹

하솔 •

그술

므깃도 •
다아낙 •

돕 • 라못 바산 느보 •

세벨 •

마하나임 •

이스라엘
길르앗

욥바 •

기브아 • 여리고 랍바 •

아스돗 •

예루살렘 •
바알브라심 •

암몬

블레셋

헤브론 •

유다

모압

브엘세바 •

아말렉

에돔

남 유다 왕으로서의 다윗의 영역
북 이스라엘 왕으로서의 다윗의 영역
다윗이 정복한 지역
다윗과 솔로몬 왕국의 경계선

1 질투를 피해 도망 다니다 |
망명가 다윗

사울은 질투 때문에 가장 아끼던 부하 다윗을 죽이려고 혈안이 되었습니다. 모든 이스라엘 사람에게 촉망받던 다윗은 한순간에 쫓겨 다니는 신세가 되었어요. 다윗은 숨어 살며 늘 죽음의 위협을 느껴야 했지요. 시인이기도 했던 다윗은 자신의 절박한 심정을 시와 노래로 표현하기도 했답니다. 어느 날, 다윗은 자신을 쫓던 사울을 바로 눈앞에서 제거할 절호의 기회를 얻습니다. 하지만 다윗은 그 기회를 포기하지요. 왜 그랬을까요? 다윗의 뒤를 따라 이야기 속으로 함께 들어가 봅시다.

- 먼 이곳에서 나의 피가 땅에 흐르지 말게 하옵소서. 이는 이스라엘 왕이 한 벼룩을 수색하러 나오셨음이라. (「사무엘 상」 26:20)
- 네게 복이 있으리로다. 오늘 내가 피를 흘릴 것과 친히 복수하는 것을 네가 막았느니라. (「사무엘 상」 25:33)
- 전장에 나갔던 자의 분깃이나 소유물 곁에 머물렀던 자의 분깃이 동일할지니 같이 분배할 것이니라. (「사무엘 상」 30:24)
- 이스라엘아, 네 영광이 산 위에서 죽임을 당했도다. 오호라, 두 용사가 엎드러졌도다. (「사무엘 하」 1:19)

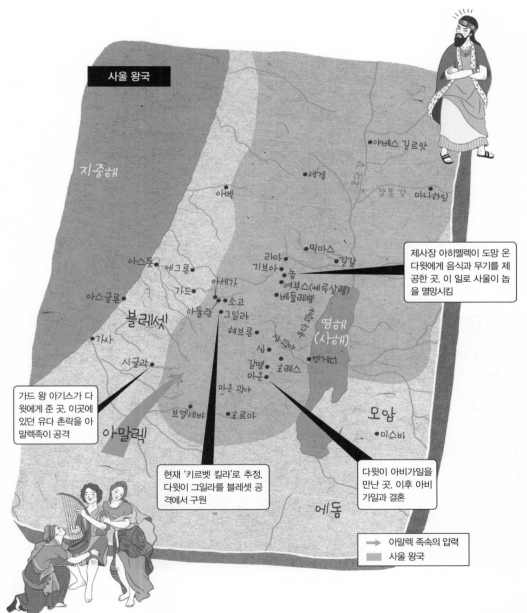

사울 왕국

지중해

아베스 길르앗

세겜

얍복강 마나하임

아벡

아스돗
에그론
가드
아세가
소고
아둘람
그일라

라마
기브아
놉
여부스(예루살렘)
베들레헴

믹마스
밀갈

염해
(사해)

헤브론

아스글론

가사

시글락

십
아라바

갈멜
마온
호레스
엔게디

마온 광야

브엘세바

호르마

모압

미스바

에돔

제사장 아히멜렉이 도망 온 다윗에게 음식과 무기를 제공한 곳. 이 일로 사울이 놉을 멸망시킴

블레셋

아말렉

가드 왕 아기스가 다윗에게 준 곳. 이곳에 있던 유다 촌락을 아말렉족이 공격

현재 '키르벳 킬라'로 추정. 다윗이 그일라를 블레셋 공격에서 구원

다윗이 아비가일을 만난 곳. 이후 아비가일과 결혼

→ 아말렉 족속의 압력
■ 사울 왕국

왕의 칼에 하나님의 제사장들이 쓰러지다

다윗은 놉(Nob)으로 가서 제사장 **아히멜렉**(Ahimelech)을 만났습니다.
아히멜렉은 다윗을 보자 두려워 떨었어요.

"왜 혼자십니까? 같이 온 사람이 아무도 없습니까?"

다윗이 아히멜렉에게 대답했지요.

"사울 왕께서 내게 어떤 일을 시키셨소. 또한 내가 여기 온 일과 내게 내린 명령을 아무에게도 알리지 말라고 하셨소. 내가 지시했으니 왕의 부하들도 나중에 약속 장소로 나올 것이오. 그나저나 혹시 빵 다섯 덩이가 있으면 주시오. 아니면 아무거나 있는 대로 주시오."

"그냥 빵은 없고 제사에 썼던 거룩한 빵은 있습니다."

제사장은 다윗에게 거룩한 빵을 주었습니다. 성전에서 하나님 앞에 차려 놓은 후 물린 빵이었지요.

에돔 사람 도엑(Doeg)은 사울의 목자들 가운데 우두머리였습니다. 도엑은 그날 놉에 있다가 다윗을 보았지요. 다윗은 아히멜렉에게 말

「다윗에게 칼을 주는 아히멜렉」
네덜란드 화가 아르트 데 헬더르의 작품이다. 놉은 예루살렘 성 바로 북쪽에 있었을 것이다. 다윗 시대에 이곳에 성소가 있었다.
폴 게티 미술관 소장

「아둘람 동굴과 다윗이 있는 풍경」
프랑스 화가 클로드 로랭의 작품
이다. 아둘람 동굴은 다윗이 도망
다닐 당시에 다윗 무리의 집결지
였다. 이 무리에는 사회에서 쫓겨
난 자, 용병 등이 속했다.
내셔널 갤러리 소장

했어요.

"여기에 혹시 창이나 칼 없소? 왕께서 급히 명령을 내리시는 바람에 내 칼과 다른 무기를 가져오지 못했소."

"당신이 엘라 계곡에서 목을 벤 블레셋 사람 골리앗의 칼이 보자기에 싸여 있습니다. 여기에 다른 칼은 없으니 그 칼이라도 괜찮으시면 가져가십시오."

"그 칼만 한 것이 또 어디 있겠소. 내게 주시오."

다윗은 **아둘람**(Adullam) 동굴로 가서 몸을 숨겼습니다. 다윗의 형제들과 아버지 이새의 가족들이 그 소식을 듣고 다윗을 만나러 왔어요. 또한 어려움을 당한 사람들, 빚을 진 사람들, 억울한 일을 당한 사람들도 모두 다윗 주변으로 몰려들었지요. 이렇게 해서 400명 정도의 사람들이 다윗을 따르게 되었답니다.

에셀나무
사막에서 서식한다. 가느다란 가지에 바늘 같은 잎이 많이 달려 있다. 고대 사람들은 특정한 나무를 종종 신성하다고 여겼다. 이 장소에서 어전 회의와 제사 등이 치러졌을 것이다.

사울은 기브아에서 다윗과 다윗의 부하들이 나타났다는 소식을 들었습니다. 그때 사울은 언덕 위 에셀나무 아래에서 손에 창을 들고 앉아 있었지요. 신하들이 모두 사울 주위에 서 있었습니다. 사울은 신하들에게 말했어요.

"베냐민 사람들아, 들어라! 이새의 아들이 너희에게 밭과 포도원을 나누어 주겠느냐? 너희를 모두 천부장과 백부장(百夫長, 100명의 군사를 거느리는 군대 지휘관)으로 삼을 것 같으냐? 너희 모두 나를 저버릴 음모를 꾸몄구나. 아무도 내 아들이 이새의 아들과 약속한 사실을 알리지 않았으니 말이다. 아무도 나를 걱정하지 않는구나. 내 아들이 내 종 다윗을 부추겨 다윗이 지금 내 원수가 되었는데도 내게 귀띔해 준 사람이 여태 아무도 없다."

그때 사울의 신하들과 함께 있던 에돔 사람 도엑이 소리 높여 말했습니다.

"이새의 아들이 놉으로 가서 아히둡의 아들 아히멜렉을 만나는 것을 보았습니다. 아히멜렉은 다윗을 위해 기도했습니다. 또한 다윗에게 음식도 주고 블레셋 사람 골리앗의 칼도 주었습니다."

사울은 사람을 보내 놉에 있던 아히멜렉과 아히멜렉의 모든 가족과 제사장들을 불러들였어요. 사울이 말했습니다.

"아히둡의 아들아, 내 말을 잘 들어라!"

아히멜렉이 대답했어요.

"말씀하십시오. 제가 여기 있나이다, 왕이시여!"

"너와 이새의 아들이 음모를 꾸민 것이 사실이냐? 다윗이 반란을 일으킨다는 게 사실이냐? 네가 다윗에게 빵과 칼을 주고 그를 위해 하나님께 기도했다고 들었다!"

"왕의 신하들 가운데 누가 왕의 사위이자 호위대장인 다윗만큼 충직합니까? 왕실에서 누가 다윗보다 존귀합니까? 제가 다윗을 위해 기도한 것이 처음 있는 일도 아닙니다. 불충할 마음은 추호도 없습니다. 저와 제 가족이 악한 계획을 품고 있다고 생각하지 마십시오. 당신의 종 아히멜렉은 이 일에 대해 정말 아무것도 모릅니다."

아히멜렉의 호소는 아무 소용이 없었습니다. 사울이 말했어요.

"아히멜렉아, 너와 네 가족들은 죽어 마땅하다." 사울은 주위에 있던 호위병들에게 명령했습니다. "당장 저기 있는 하나님의 제사장들을 쳐 죽여라. 저자들은 다윗과 함께 역모를 꾀했다. 다윗이 도망 중인 것을 알고도 감히 내게 알리지 않았도다."

사울의 신하들은 하나님의 제사장들을 죽이려 하지 않았습니다. 그

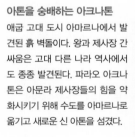

아톤을 숭배하는 아크나톤
애굽 고대 도시 아마르나에서 발견된 흙 벽돌이다. 왕과 제사장 간 싸움은 고대 다른 나라 역사에서도 종종 발견된다. 파라오 아크나톤은 아문라 제사장들의 힘을 약화시키기 위해 수도를 아마르나로 옮기고 새로운 신 아톤을 섬겼다.

「사울이 제사장들을 죽이라고
명령하다」
프랑스 화가 제임스 티소의 작품
이다. 살아남은 단 한 명의 제사장
인 아비아달이 다윗에게 간다. 이
제 사울 곁에는 하나님의 제사장
이 없다.

러자 사울은 도엑에게 명령했어요. "저 제사장들을 죽여라." 에돔 사
람 도엑은 제사장들을 죽였습니다. 그날 에봇을 입은 85명이 도엑의
손에 죽었어요.

아히멜렉의 아들 가운데 아비아달(Abiathar)은 그 자리를 피해 달아
나 다윗에게 갔습니다. 아비아달은 다윗에게 사울이 하나님의 제사장
들을 죽인 일을 전했어요. 다윗이 말했습니다.

"그날 에돔 사람 도엑이 자리에 있는 것을 보았소. 도엑이 사울 왕에
게 말하겠다는 것을 그때 짐작했소. 당신 가족들이 모두 죽은 것은 내
책임이오. 두려워하지 말고 나와 함께합시다. 당신의 목숨을 노리는
자는 틀림없이 내 목숨을 먼저 노릴 것이오. 그러니 나와 함께하면 안
전하오."

"하나님이 주신 제 땅을 빼앗지 마십시오."

"블레셋 사람들이 그일라(Keilah)를 쳐서 타작마당에 있는 곡식들을 훔쳐 가고 있습니다."

다윗은 사람들이 전한 말을 듣고 여호와 하나님에게 기도했습니다.

"제가 블레셋 사람들을 공격해도 되겠습니까?"

여호와 하나님이 다윗에게 대답했어요.

"가서 블레셋 사람들을 공격하고 그일라를 구해 주어라."

다윗의 부하들이 그일라로 가려는 다윗을 붙잡았어요.

"보십시오. 저희는 여기 유다 땅에서도 두려워 떱니다. 하물며 저희가 어떻게 그일라로 가서 블레셋 군대를 상대로 싸우겠습니까?"

다윗은 다시 여호와 하나님에게 기도했습니다. 하나님이 다윗에게 말했어요.

"일어나서 그일라로 가거라. 내가 블레셋 사람들을 네 손에 넘겨주겠다."

다윗과 부하들은 그일라로 가서 블레셋 사람들과 싸웠습니다. 가축을 빼앗고 수많은 블레셋 사람을 죽였지요. 이렇게 다윗은 그일라 사람들을 구했습니다.

아히멜렉의 아들 아비아달은 여호와 하나님에게 제사 지낼 때 입는 에봇을 가지고 그일라에 있는 다윗에게 갔어요. 한편, 다윗이 그일라로 갔다는 소식을 듣고 사울이 말했습니다.

"하나님께서 그놈을 내 손에 넘겨주셨다. 성문과 성벽이 있는 성읍으로 들어갔으니 그놈

이스라엘 국기
이스라엘 국기 중앙의 6각 별 문양은 '다윗의 방패'를 상징한다. 이 문양은 1354년 처음으로 유대인의 상징으로 사용되었다.

모르간 크루세이더 성경

중세 프랑스 왕인 루이 9세가 주문한 그림 성경이다. 이 성경의 일러스트는 구약에 나오는 잔혹한 장면을 자세히 묘사한 것으로 유명하다. "현존하는 가장 아름답고 우아한 고트어 사본"이라는 평을 받기도 했다.

그일라를 떠나는 다윗

다윗은 점을 치기 위해 에봇을 사용한다. 목숨을 건진 아비아달이 다윗에게 에봇을 바치는 장면은 「사무엘 상」 23장 6절에 나온다.

그일라를 구하는 다윗

모르간 크루세이더 성경은 천지 창조부터 다윗왕 이야기까지 묘사한 책이다. 일러스트의 인물이나 배경이 중세 모습이다. 그일라는 블레셋 영토와 경계 지역에 있었다.

은 독 안에 든 쥐다."

사울은 모든 군대를 소집해 그일라로 내려가 다윗과 다윗의 부하들을 포위했습니다. 다윗은 사울이 자기를 해치려는 것을 알고 제사장 아비아달에게 신탁을 받기 위해 에봇을 가지고 오라 일렀어요. 에봇이 도착하자 다윗은 기도했습니다.

"이스라엘의 하나님 여호와시여, 종 다윗은 사울이 그일라로 올 것이라는 소식을 분명히 들었습니다. 사울은 저 때문에 그일라를 파괴할 것입니다. 제가 들은 대로 사울이 정말 이곳으로 옵니까? 이스라엘의 하나님이시여, 당신의 종에게 말씀해 주십시오."

여호와 하나님이 대답했어요.

"그가 이곳으로 올 것이다."

"그일라 사람들이 저와 제 부하들을 사울에게 넘겨줍니까?"

여호와 하나님이 대답했습니다.

"그들은 그렇게 할 것이다."

다윗과 다윗의 부하 약 600명은 하나님의 말을 듣고 그일라를 떠나 이곳저곳으로 떠돌아다녔어요. 사울은 다윗이 그일라에서 도망쳤다는 보고를 받고 더는 다윗을 쫓지 않았습니다. 다윗은 십(Ziph) 광야에 숨어 살았고 산속 요새에도 머물렀어요.

어느 날, 십 사람이 기브아에 있던 사울에게 고했습니다.

"다윗이 하길라(Hakilah) 언덕 위에 숨어 있지 않습니까?"

사울은 다윗을 잡으러 이스라엘 병사 3,000명을 이끌고 십 광야로 내려갔어요. 그러고는 하길라 언덕에 진을 쳤지요. 십 광야에 머물고 있던 다윗은 사울이 자기를 죽이려고 쫓아오는 것을 보고 정찰대를 보냈어요. 사울이 바로 앞까지 이르렀다는 것을 알게 되었지요. 다윗은 사울의 진에 바싹 다가갔습니다. 그러고서 사울과 넬의 아들 아브넬 군사령관이 잠들어 있는 것을 확인했어요. 진 한가운데에 사울이 있었고, 군대는 사울을 둘러싸며 사방으로 진을 치고 있었지요.

다윗은 헷(Hittite, 히타이트) 사람 아히멜렉과 스루야의 아들이자 요압의 형제인 아비새(Abishai)에게 물었습니다.

"누가 나와 함께 사울의 진으로 내려가겠소?"

아비새가 대답했습니다.

"제가 함께 가겠습니다."

다윗과 아비새는 밤을 틈타 진으로 들어갔어요. 사울은 진 한가운데에서 잠자고 있었지요. 사울의 창이 사울의 머리 가까운 곳 땅바닥에 꽂혀 있었습니다. 아브넬과 아브넬의 군대도 사울을 둘러싸고 잠들어 있었어요.

아비새가 다윗에게 말했습니다.

"하나님께서 오늘 당신에게 원수를 넘겨주셨습니다. 제가 저 창으로 사울을 찌르게 해 주십시오. 두 번 찌를 것도 없이 단번에 땅에 꽂아 버리겠습니다!"

다윗이 대답했어요.

"살아 계신 여호와 하나님을 두고 맹세하건대 여호와 하나님께서 사울을 벌하실 것이오. 아니면 사울은 죽을 때가 되어 죽거나 전장에서 최후를 맞이할 것이오. 여호와 하나님께서는 내가 그분이 왕으로 세운 사울을 죽이는 것을 금하셨소! 대신 사울의 머리맡에 있는 창과 물병을 가지고 갑시다."

「사울의 생명을 구한 다윗」
이탈리아 화가 피에트로 안토니오 마개티의 작품이다. 창은 일반적으로 전선 제일 앞에 배치되는 보병들의 무기였다. 따라서 사울의 창은 단지 왕을 상징하는 데 쓰거나, 의식에 쓰는 물건이었을 것이다.

사울의 창과 물병을 든 다윗
다윗은 사울이 자신을 쫓는 모습을 사냥꾼이 메추라기를 사냥하는 모습에 비유했다. 사냥꾼은 메추라기가 지쳐서 움직임이 둔해질 때까지 덤불을 헤치고 다닌다.

다윗은 사울의 머리맡에 있던 창과 물병을 가지고 진을 빠져나왔습니다. 사울의 군인들은 모두 다윗이 왔다 간 사실을 전혀 몰랐어요. 여호와 하나님이 깊이 잠들게 했기 때문이지요.

다윗은 사울과 아주 멀리 떨어진 언덕 꼭대기로 건너갔습니다. 꼭대기에서 사울의 군대와 넬의 아들 아브넬을 향해 "아브넬은 대답해라."라고 소리쳤어요. 아브넬은 "거기서 소리치는 자는 누구냐?"라고 대답했지요. 다윗이 다시 말했습니다.

"너는 사내대장부가 아니냐? 이스라엘에 너와 같은 장수가 또 어디 있느냐? 그런데도 너는 주인인 이스라엘 왕을 지키지 못했다. 어떤 이가 네 주인을 죽이러 갔는데도 너는 당연히 해야 할 바를 다하지 못했다. 살아 계신 여호와 하나님의 이름으로 맹세하건대 너는 죽어 마땅하다! 여호와 하나님이 왕으로 세우신 네 주인을 지키지 못했기 때문이다. 왕의 머리맡에 있던 창과 물병은 지금 어디 있느냐?"

사울은 다윗의 목소리를 알아챘어요.

"이 목소리는 내 아들 다윗이 아니냐?"

"네, 제 목소리가 맞습니다. 왕이시여." 다윗이 대답했습니다. "왕께서는 왜 저를 쫓고 계십니까? 제가 무슨 잘못을 했습니까? 죄목이 무엇입니까? 왕이시여, 제 말을 들어 보십시오. 만일 당신으로 하여금 제게 진노하게 한 분이 하나님이라면 저는 여호와께 제물이 되길 원합니다. 하지만 사람들이 당신으로 하여금 제게 진노하게 했다면 그 사람들이 여호와 앞에서 저주받길 원하나이다. 그 사람들은 '가서 다른 신을 섬겨라.'라며 저를 몰아냈습니다. 쫓겨난 저는 여호와 하나님께서 백성에게 내린 땅 가운데 제 몫을 잃어버렸습니다. 부디 제가 하나님에게서 멀리 떨어진 이방 땅에서 최후를 맞지 않도록 도와주십시오. 이스라엘 왕께서 저를 해치려고 쫓는 것은 메추라기 한 마리를 잡으러 산에 다니시는 것과 같습니다."

사울은 눈시울이 뜨거워져 다윗에게 말했어요.

"내가 잘못했다. 돌아오너라, 내 아들 다윗아. 오늘 네가 내 생명을 아껴 주었으니 더는 너를 해치지 않을 것이다. 내가 바보 같은 짓을 했다. 큰 실수를 저질렀구나."

"여기 당신의 창이 있습니다! 신하 한 명을 보내 가져가게 하십시오. 여호와 하나님께서는 옳은 일을 하는 충직한 사람에게 상을 내리십니다. 오늘 여호와 하나님께서 이스라엘 왕인 당신을 제게 넘겨주셨지만 저는 하나님께서 왕으로 세우신 분을 해치지 않았습니다. 제게 왕의 생명이 매우 귀하듯 여호와 하나님께 제 생명도 매우 귀합니다. 그러니 그분은 모든 어려움에서 저를 구해 주실 것입니다."

"내 아들 다윗아, 네가 복을 받을 것이다! 훌륭한 일을 했구나. 너는 반드시 잘될 것이다!"

그 후 다윗은 다시 자기 갈 길로 갔고 사울은 왕궁으로 돌아갔습니다.

엔게디 국립 공원
「사무엘 상」 24절에서도 다윗은 엔게디에 있던 사울을 살려 준다. 사울의 옷자락을 베고도 죽이지 않았다. 광야 한가운데 위치한 엔게디는 물이 풍부한 지역이다.

아비가일의 지혜로운 충고

다윗은 바란 광야로 갔습니다. 마온(Maon)에 한 남자가 살고 있었어요. 남자는 갈멜(Carmel)에 땅을 가지고 있었지요. 큰 부자여서 소유한 가축만 해도 양이 3,000마리, 염소는 1,000마리나 되었답니다. 남자는 갈멜에서 양털을 깎았습니다. 남자의 이름은 나발(Nabal)이었고 아내의 이름은 아비가일(Abigail)이었어요. 아비가일은 지혜롭고 아름다운 여자였지요. 반면, 갈렙의 자손 나발은 성격이 거칠고 무례했습니다.

다윗은 나발이 양털을 깎고 있다는 소식을 광야에서 들었어요. 다윗은 부하 열 명을 나발에게 보냈습니다.

"갈멜로 올라가서 나발의 집에 들어가 내 이름으로 문안 인사를 해라. 나발에게 내 말을 전해라. '당신과 당신 가족이 평안하고 당신이 소유한 모든 것이 번창하길 바랍니다. 당신에게 지금 양털 깎는 사람들이 있다고 들었습니다. 우리는 우리와 함께 있던 당신의 목자들을

이스라엘의 목자
당시 나발은 목자들의 축제인 양털 깎는 절기를 맞아 양털을 깎고 있었다. 이 기간에 사람들은 양의 수를 세고 그 수만큼 목자들에게 보상했다.

「다윗의 도움을 거절하는 나발」
네덜란드 화가 얀 판 노르트의 작품이다. 나발이 사는 갈멜은 사울이 아말렉족으로부터 빼앗은 곳이다. 나발이 사울에게 쫓기는 다윗을 냉대하는 까닭이다.

조금도 해치지 않았습니다. 또한 당신네 목자들은 갈멜에 있을 때 어떤 것도 도둑맞지 않았습니다. 목자들에게 물어보면 이야기해 줄 것입니다. 그러니 제 부하들에게 친절을 베풀어 주십시오. 우리 모두 축제를 맞이하지 않았습니까. 그러니 어떤 것이든 좋으니 저의 종들에게, 당신의 아들과 다름없는 저 다윗에게 나누어 주십시오.'"

부하들은 나발에게 가서 다윗의 말을 전하고 나발의 답변을 기다렸어요. 나발은 다윗의 부하들에게 호통쳤습니다.

"다윗이 누구냐? 이새의 아들이라는 자가 대체 누구냐? 요즘 자기 주인을 배신하고 도망치는 놈들이 많다고 들었다! 이런 마당에 빵과 물과 고기를 전혀 알지도 못하는 놈들에게 주어야 하느냐? 양털 깎는 내 종들에게 줄 양식을?"

다윗의 부하들은 다윗에게 돌아가 나발의 말을 그대로 전했어요. 다윗은 부하들에게 명령했습니다.

“모두 허리에 칼을 차라.”

다윗의 부하들은 모두 칼을 찼고 다윗도 자기 칼을 찼어요. 400명가량이 다윗을 따랐고 200명은 남아서 물건을 지켰습니다.

나발의 종 하나가 다급히 아비가일을 찾아가 말했어요.

“다윗이 주인님께 문안 인사하기 위해 광야에서 사람들을 보냈을 때 주인님이 그들을 모욕했습니다. 다윗의 부하들은 저희에게 들에서 아주 잘해 주었습니다. 저희를 해치거나 저희 물건을 빼앗지도 않았지요. 오히려 저희가 양을 치는 내내 저희를 밤낮으로 든든히 지켜 주었습니다. 상황이 이렇게 되었으니 이제 마님께서 어떻게 해야 할지 결정해 주십시오. 다윗은 주인님과 집안 모두를 칠 계획입니다. 주인

「아비가일과 만난 다윗」
플랑드르 화가 페테르 루벤스의 작품이다. 아비가일이 다윗에게 바친 볶은 곡식, 건포도, 무화과 떡은 모두 저장 식품이다. 광야를 헤매는 다윗 무리에게 필요한 것이다.

님은 성격이 사나운지라 아무도 말을 붙이지 못하고 있어요."

아비가일은 종의 말을 듣고 서둘러 음식을 준비했습니다. 준비한 빵 200덩이, 포도주가 들어 있는 가죽 부대 둘, 구운 양고기 다섯 마리, 볶은 곡식 다섯 바구니, 건포도 100송이, 무화과 떡 200덩이를 나귀에 실었어요. 아비가일은 종들에게 "앞장서라. 내가 뒤따르겠다."라고 명령하고는 길을 떠났습니다. 아비가일은 이 일을 남편 나발에게는 전혀 알리지 않았어요. 아비가일이 나귀를 타고 언덕 아래로 내려가고 있을 때 마침 다윗과 다윗의 부하들도 아비가일이 있는 쪽으로 내려가고 있었습니다. 아비가일이 다윗 무리와 마주쳤을 때 다윗은 이렇게 말하고 있었지요.

아비가일
프랑스 아르덴에 있는 노트르담 성당의 스테인드글라스다. 다윗은 아비가일과 결혼해 헤브론 지역과 유대를 맺을 수 있었다.

"광야에서 그자의 재산을 지켜 주다니, 다 헛일이었다. 내 덕분에 아무것도 도둑맞지 않았는데도 그자는 내게 선을 악으로 갚는구나. 날이 밝을 때까지 그자에게 속한 사람이 한 사람이라도 살아 있다면 하나님께서 나 다윗에게 어떤 벌을 내리시든 달게 받겠다."

아비가일은 다윗을 보고 나귀에서 재빨리 내려왔습니다. 그러고는 다윗 앞에 엎드려 얼굴을 땅에 대고 절한 다음 엎드린 채 말했어요.

"주인이시여, 제 잘못입니다. 제발 말씀을 올릴 수 있게 허락해 주십시오. 제 말을 들어 주십시오. 당신은 저 몹쓸 사람 나발에게 신경 쓰지 마시기 바랍니다. 나발은 '어리석은 자'라는 뜻이고, 나발은 이름 그대로의 사람이라 어리석게 행동합니다. 불행히도 저 아비가일은 당신이 보낸 부하들을 보지 못했습니다.

하지만 여호와 하나님께서는 당신이 살인하거나 직접 복수

다윗의 묘
다윗의 묘는 '마가의 다락방' 아래
층에 있다. 이것은 가묘다. 마가의
다락방은 예루살렘 구시가지 시온
문에서 약 100m 떨어진 곳에 있다.

하는 일을 금하셨습니다. 살아 계신 여호와 하나님과 당신을 두고 맹세하건대 당신의 원수들과 당신을 해치려는 자들은 모두 나발처럼 벌을 받을 것입니다. 이제 제가 당신께 드리려고 가져온 선물을 당신을 따르는 부하들에게 나누어 주도록 허락해 주십시오.

제발 바라건대 제 허물을 용서해 주시길 바랍니다. 당신은 여호와를 위해 싸워 왔고 살아 있는 동안에는 어떤 죄도 범하지 않을 것이므로, 여호와 하나님은 반드시 당신의 가족을 든든히 세우실 것입니다. 누가 당신을 쫓아다니며 해치려 할 때 하나님께서 당신을 보호해 주실 것입니다. 당신 원수들의 목숨을 내칠 것입니다.

여호와 하나님께서는 약속대로 당신에게 좋은 일을 베풀고 당신을 이스라엘의 통치자로 세우실 것입니다. 그때 아무 죄도 없는 사람을 죽였다거나 직접 복수했다는 사실 때문에 당신이 죄책감을 느끼는 일은 없어야 합니다. 여호와 하나님께서 당신에게 좋은 일을 베푸실 때 제발 당신의 종, 이 아비가일도 기억해 주십시오."

다윗이 아비가일에게 말했습니다.

"오늘 당신을 만날 수 있도록 당신을 보내 주신 이스라엘의 하나님 여호와를 찬양하오. 당신의 지혜에도 감사하오. 내가 살인하거나 직접 복수하지 않도록 막아 준 당신에게 하나님께서 복을 베풀어 주시길 바라오. 살아 계신 이스라엘의 하나님 여호와를 두고 맹세하건대 하나님께서 내가 그대를 해치지 못하게 막으셨소. 만약 당신이 나를 서둘러 만나러 오지 않았다면 날이 밝았을 때 나발의 집안사람은 한 사람도 살아남지 못했을 것이오."

다윗은 아비가일이 가져온 선물들을 모두 받았어요. 다윗이 아비가일에게 말했지요.

"평안히 집으로 돌아가시오. 내가 그대의 말을 잘 들었으니 당신 말대로 하겠소."

아비가일이 돌아왔을 때 나발은 자기 집에서 왕처럼 축제를 즐기고 있었습니다. 나발은 술에 잔뜩 취해 기분이 매우 좋았어요. 아비가일은 날이 밝을 때까지 나발에게 아무 말도 하지 않았습니다. 아침이 되어 나발이 술에서 깨자 아비가일은 전날 있었던 일을 이야기했어요. 그러자 나발의 심장이 멈췄고 나발의 온몸은 돌처럼 굳었습니다. 나발은 중풍을 앓다가 10일 후에 세상을 떠났어요.

마가의 다락방
식당이란 뜻의 '시나클룸'이라고도 한다. 예수가 로마군에게 체포되기 전날 제자들과 마지막 만찬을 나눈 곳으로 전한다.

다윗은 나발이 죽었다는 소식을 듣고 말했습니다.

"여호와 하나님께 감사해라. 나발의 죄를 벌하셔서 내가 악한 짓을 하지 않도록 하셨구나. 하나님께서 직접 나발이 저지른 죄를 나발의 머리로 돌리셨다."

다윗은 아비가일을 자기 아내로 삼으려고 사람을 보냈어요. 다윗의 종들이 갈멜에 있던 아비가일에게 갔지요.

"주인님께서 당신을 아내로 삼고자 하십니다. 당신을 모시고 가겠습니다."

아비가일은 엎드려 절하고 말했습니다.

"기꺼이 다윗의 종이 되어 그분을 섬기는 종의 발까지도 씻겠습니다."

아비가일은 지체하지 않고 일어나 나귀에 올라탔어요. 하녀 다섯 명도 아비가일을 따랐지요. 아비가일은 다윗이 보낸 사람들과 함께 길을 떠났고 다윗의 아내가 되었습니다.

다윗이 아말렉에 통쾌히 복수하다

어느 날, 다윗은 곰곰이 생각했습니다.

'이대로라면 언젠가는 사울의 손에 죽게 된다. 그렇다면 블레셋 땅으로 도망가자. 이것만 한 것이 없다. 블레셋 땅으로 가면 사울은 더는 나를 찾지 않을 것이다. 사울의 손에서 드디어 벗어나는 것이다.'

다윗은 부하 600명을 데리고 가드 왕 아기스(Achish)에게 갔어요. 다윗과 부하들은 가드에서 아기스와 함께 살았지요. 사울은 다윗이 가드로 도망갔다는 소식을 듣고 다윗을 찾는 일을 그만두었습니다.

다윗이 아기스에게 말했어요.

"제게 은혜를 베푸셔서 시골에 있는 마을 하나를 주십시오. 제가 거기에서 살겠습니다. 저 같은 종이 어찌 왕과 함께 왕의 성읍에서 살겠습니까?"

아기스는 시글락(Ziklag)이라는 마을을 다윗에게 주었습니다. 다윗은 1년 4개월 동안 블레셋의 시골 마을에서 살았지요.

다윗과 부하들은 그술(Geshur)과 기르스(Girz)와 아말렉(Amalek) 사람을 불시에 덮쳤어요. 이 사람들은 텔렘(Telem)에서 애굽 땅에 이르는 지역에서 살고 있었지요. 다윗은 남자든 여자든 한 사람도 살려 두지 않았어요. 다윗이 양과 소와 나귀와 낙타와 옷을 빼앗아 돌아오면, 아기스는 "오늘은 어디를 공격했느냐?"라고 물었습니다. 다윗은 유다 남쪽 지방을 털었다느니 여라무엘(Jerahmeel) 사람

수금을 타는 다윗
다윗은 뛰어난 전사기도 했지만 수금에 능하고 시도 잘 짓는 훌륭한 예술가기도 했다.

이 사는 남쪽 지역을 쳤다느니 겐(Ken) 사람의 땅을 공격했다느니 했지요. 아기스는 다윗을 믿었어요.

'다윗은 동족인 이스라엘 사람들에게 미움받고 있다. 그러니 영영 나의 종으로 살아도 이상할 것이 없으리라.'

블레셋 사람들은 이스라엘과 싸우기 위해 군대를 모았습니다. 아기스가 다윗에게 말했어요.

"너와 네 부하들도 반드시 전쟁에 나가야 한다."

다윗이 대답했습니다.

"왕께서는 제 능력을 보시게 될 것입니다."

"그렇다면 너를 내 호위대장으로 임명하리라."

블레셋 사람들은 아벡(Aphek)에 군대를 집결했고, 이스라엘 사람들은 이스르엘(Jezreel)에 있는 샘터에 진을 쳤습니다. 블레셋 지휘관들은 수백 명 또는 수천 명씩 군대를 거느리고 행군했어요. 그 뒤를 다윗과 다윗의 부하들이 아기스와 함께 따랐습니다. 블레셋의 지휘관들은 다윗을 보고 "히브리인이 아닌가? 왜 여기 있는 거지?"라고 서로 물었어요. 아기스가 대답했습니다.

"다윗이 아니냐? 이스라엘의 왕 사울의 종이었던 자 말이다. 다윗은 2년을 나와 함께했다. 나는 지금까지 다윗에게서 어떤 흠도 찾지 못했다."

블레셋의 지휘관들은 못마땅했어요.

시편을 들고 있는 다윗
이탈리아 화가 구에르치노의 작품이다. 「시편」은 구약 성경에 포함된 대표적인 시가서다. 150편의 시로 이루어졌다. 그 가운데 약 70편을 다윗이 썼다고 추측한다.

"저자에게 준 마을로 저자를 돌려보내십시오. 다윗을 싸움터에 보내시면 안 됩니다. 우리 진 안에 적을 둘 생각이십니까? 저자가 우리 머리를 잘라다 바쳐 자기 주인을 기쁘게 할 것이라는 생각을 왜 못하십니까? 이스라엘 사람들을 춤추고 노래하게 했던 바로 그 다윗입니다."

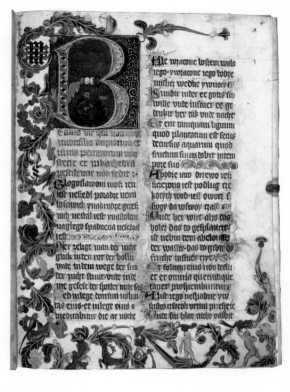

> 사울은 수천 명을 죽였고
> 다윗은 수만 명을 죽였네.

아기스는 잠자코 생각에 잠겼습니다. 그러고서 다윗을 불렀어요.

『성 플로리안 시편』
오스트리아의 성 플로리안 수도원에서 발견된 14~15세기 『시편』이다. 중세에는 성경을 비싼 재료를 써서 화려하게 만들었다. 따라서 소수의 왕족이나 귀족만 소유할 수 있었다.

"살아 계신 여호와 하나님의 이름으로 맹세하건대 너는 충직한 사람이다. 네 품행은 진 안에서나 밖에서나 더할 나위 없이 훌륭했다. 네가 나를 찾아온 이후로 지금까지 어떤 흠도 찾지 못했다. 하지만 안타깝게도 다른 지휘관들이 너를 믿지 못하는구나. 그러니 평안히 돌아가거라. 네가 돌아가야 지휘관들이 안심할 것이다."

다윗이 분해서 따졌습니다.

"제가 무엇을 잘못했습니까? 당신을 섬긴 이후로 제가 나쁜 일을 한 적이 있습니까? 제가 주인을 위해 적들과 싸울 수 없다니요!"

"나는 네가 천사처럼 충직하다는 것을 잘 안다. 하나님께서 너를 내게 보내 주셨지. 하지만 블레셋 지휘관들이 네가 싸움터에 나가면 안

된다고 항의했다. 그러니 내일 아침 일찍 일어나 네 부하들을 데리고 내가 준 마을로 가거라. 나는 네가 딴마음을 품지 않으리라 믿는다. 내일 아침 일찍 해가 뜨는 대로 이곳을 떠나라."

다윗과 부하들은 아침 일찍 일어나 블레셋 땅으로 출발했어요. 블레셋 군대는 이스르엘로 올라갔지요.

출발한 지 3일째 되던 날, 다윗과 부하들이 시글락에 도착하니 마을은 불타 버린 후였어요. 아말렉 사람들이 남쪽 지역에 쳐들어오면서 시글락을 공격하고 불태운 것이지요. 심지어 아말렉 사람들은 시글락 사람이면 여자고 아이고 할 것 없이 모두 포로로 끌고 갔습니다. 이 광경을 본 다윗과 부하들은 모두 큰 소리로 울었어요. 더는 울 수 없을 때까지 울었습니다.

다윗의 부하들은 아들딸을 잃어 원통했어요. 부하들 사이에서는 다윗을 돌로 쳐 죽이자는 말까지 돌았지요. 다윗은 몹시 당황했지만 여호와를 의지해 힘을 낼 수 있었습니다. 다윗과 부하 600명은 브솔(Besor) 시내에 이르렀어요. 너무 지친 사람들은 시내에 남고 나머지는 시내를 건넜지요.

다윗의 부하들은 들판에서 애굽 사람 한 명을 발견하고는 다윗에게 데려갔어요. 부하들이 애굽 사람에게 음식과 물을 주었지요. 다윗이 애굽 사람에게 물었습니다.

"네 주인은 누구고 너는 어디서 왔느냐?"

"저는 애굽 청년이고 아말렉 사람의 노예입니다. 3일 전에 제가 병이 나서 주인이 저를 버리고 떠났습니다. 우리는 그렛 사람들이 사는 남쪽 지역과 유다에 속한 지역과 갈렙의 남쪽 지역을 습격했습니다.

포로를 구하기 위해 준비하는 다윗

고대 민족은 용병 부대를 흔히 활용했다. 용병 가운데 다윗과 같은 정치적 망명자도 있었다. 성경학자들은 다윗이 블레셋 용병이 된 이유가 사울에게서 도망치는 동시에 블레셋의 전술과 철 제련술을 익히기 위해서였다고 주장한다.

포로를 구출하는 다윗

브솔 시내는 수심이 깊고 양옆이 가팔라 시내를 건너려면 힘이 세고 민첩해야 했을 것이다. 브솔 시내는 게라르 시내와 함께 가나안의 남쪽 경계선 역할을 했다.

시글락을 불사르기도 했습니다."

"그 강도 무리가 어디에 있는지 알려 줄 수 있느냐?"

"하나님의 이름으로 맹세해 주십시오. 저를 죽이거나 주인에게 돌려보내지 않겠다고 말입니다. 그러면 제가 그 무리가 있는 곳으로 인도하겠습니다."

애굽 사람이 다윗을 아말렉 사람들이 있는 곳으로 데려갔을 때 아말렉 사람들은 블레셋과 유다에서 가져온 어마어마한 전리품을 즐기고 있었어요. 이곳저곳에 흩어져 먹고 마시고 춤추고 있었지요. 다윗은 황혼 무렵부터 다음 날 저녁까지 아말렉 사람들을 공격했습니다. 아말렉 사람들은 낙타를 타고 도망친 400명을 제외하고는 한 사람도 살아남지 못했지요.

「포로가 되어 잡혀가는 시글락 여자들」
시글락의 정확한 위치는 알 수 없다. 가장 가능성 있는 두 곳은 현재 텔 에슈–샤리아와 텔 에스–세바다.

다윗은 두 아내를 비롯해 아말렉 사람들이 빼앗아 간 것을 전부 되찾았습니다. 양 떼와 소 떼도 되찾았어요. 부하들은 가축 떼를 몰고 가면서 "이것이 바로 다윗의 전리품이다."라며 기뻐했습니다.

다윗은 브솔 시내로 돌아왔습니다. 지쳐서 자신을 따르지 못했던 200명의 부하가 있는 곳이었지요. 다윗의 부하 가운데 악하고 비열한 사람들이 말했어요.

"이 200명은 당신을 따르지 않았습니다. 그런데 왜 우리가 되찾아 온 것을 나누어 주어야 합니까? 이 사람들에게는 아내와 아이들만 돌려주면 충분합니다. 그러고 나서 떠나보냅시다."

다윗이 단호하게 말했습니다.

"내 형제들이여, 여호와 하나님께서 우리에게 주신 것을 가지고 그리할 수는 없소. 하나님이 우리를 구해 주셨고 강도 무리를 우리에게 넘겨주셔서 우리가 이길 수 있었던 것이오. 짐을 지키고 있었던 사람들도 나가서 싸운 사람들과 똑같은 몫을 받아야 하오."

그날부터 오늘날까지 다윗이 세운 이 법과 규칙은 이스라엘에서 지켜지고 있답니다.

다윗은 시글락에 돌아와서 친하게 지내던 유다의 지도자들에게 전리품 일부를 보내며 이렇게 전했습니다.

"여호와 하나님의 원수들에게서 빼앗은 전리품을 선물로 드립니다!"

「시글락으로 돌아온 다윗」
고대 근동에서는 재물을 나누어 줄 수 있는 능력이 권력의 표시였다. 다윗은 유다 장로들에게 재물을 주어 이후에 그들의 정치적 후원을 받으려 했을 것이다.

사무엘의 영이 사울의 비극을 예언하다

사무엘이 세상을 떠났어요. 이스라엘 사람들은 사무엘의 죽음을 애도하며 사무엘의 고향 라마에서 장사를 지냈습니다. 사울은 이스라엘 땅에서 무당과 영매(靈媒, 초자연적 존재인 신령이나 죽은 사람의 영혼을 인간과 매개하는 사람)를 모조리 내쫓았어요.

사무엘이 죽고 얼마 후 블레셋 사람들은 수넴(Shunem)에 진을 치고, 사울은 이스라엘 사람들을 모아 길보아(Gilboa)에 진을 쳤습니다. 사울은 블레셋 군대를 보자 덜컥 겁이 났어요. 사울은 두려움에 휩싸여 블레셋 군대에 맞서 어떻게 해야 할지 여호와 하나님에게 물었습니다. 여호와 하나님은 꿈으로도 우림으로도 선지자로도 대답하지 않았지요. 사울이 신하들에게 명령했어요.

"무당을 찾아봐라. 그 무당에게 가서 물어봐야겠다."

신하들이 사울에게 말했습니다.

"엔돌(Endor)에 무당이 하나 있습니다."

사울은 아무도 알아보지 못하게 옷을 갈아입은 후 신하 둘을 데리고 나섰어요. 사울은 그날 밤 무당이 사는 곳에 도착해 무당에게 명령했습니다.

"망령의 힘을 빌려 사람을 불러내라."

무당은 사울을 알아보지 못했지요.

"나를 붙잡아 죽음으로 몰고 가려 하십니까? 당신도 사울 왕이 벌인

길보아 산에서 내려다 본 하롯 계곡
이스르엘 동부 지역에는 길보아 산과 모레 산이 있다. 길보아 산 밑으로는 하롯 강이 흘렀다. 블레셋 진인 수넴 성은 하롯 강 건너편 모레 산에 있었다.

일을 알 것입니다. 사울은 이스라엘 땅에서 무당과 영매들을 모두 쫓아냈습니다."

"살아 계신 여호와의 이름으로 맹세하건대 네가 이 일로 벌을 받는 일은 없을 것이다."

"내가 누구를 부르면 되겠습니까?"

"사무엘을 불러내라."

무당은 막 모습을 드러낸 영을 보자 비명을 질렀어요.

"왜 나를 속였습니까? 당신은 사울 왕이시군요?"

"두려워하지 마라! 무엇이 보이느냐?"

"땅에서 한 영이 올라오는 것이 보입니다."

"영이 어떻게 생겼느냐?"

"올라오는 것은 노인입니다. 겉옷을 걸치고 있습니다."

사울은 그 영이 사무엘이라는 것을 알았습니다. 사울은 얼굴이 땅에 닿도록 절했지요.

사무엘의 영이 사울에게 말했습니다.

"왜 나를 불러내 귀찮게 하시오?"

"나는 큰 어려움에 처해 있습니다. 블레셋의 군대가 나를 치려 전쟁을 일으켰습니다. 그런데도 하나님께서는 선지자로도 꿈으로도 답을 주지 않으십니다. 내가 무엇을 해야 좋을지 듣기 위해 당신을 불렀습니다."

"여호와 하나님께서 당신을 저버리고 원수가 되었는데 나를 부르는 것이 무슨 소용이오? 하나님께서는 이스라엘의 왕위를 당신의 손에서 빼앗아 다윗에게 주셨소. 내일 당신은 아들들과 함께 내가 있는 이곳으로 떨어질 것이오. 여호와 하나님께서 이스라엘 군대를 블레셋 사람들에게 넘기실 것이오."

사울은 갑자기 땅바닥에 벌렁 나자빠졌어요. 사무엘의 말 때문에 큰 두려움에 휩싸였지요. 사울은 그날 온종일 아무것도 먹지 않았습니다. 무당이 와서 기진맥진한 사울을 보고 말했어요.

"보십시오. 저는 제 목숨을 걸고 당신이 하라는 대로 했습니다. 그러니 이제 제 말을 들으시고 음식을 조금이라도 드셔 보십시오. 음식을 먹고 기운을 차려 갈 길을 가십시오."

사울은 거절했습니다.

"나는 아무것도 먹지 않을 것이다."

사울의 신하들도 사울에게 음식을 권했어요. 사울은 그제야 자리에서 일어나 침상 위에 앉았습니다. 무당은 서둘러 살진 송아지를 잡았어요. 또한 밀가루로 반죽해 누룩을 넣지 않고 빵을 구웠지요. 무당은 사울과 사울의 신하들에게 음식을 차려 주었어요. 사울과 신하들은 무당이 차려 준 음식을 먹고 그날 밤에 길을 떠났습니다.

블레셋과 이스라엘 사이에 전쟁이 일어났어요. 이스라엘 사람들은 싸움에 져서 달아나다가 길보아 산에서 죽임을 당했습니다. 블레셋 사람들은 사울과 사울의 아들들을 바싹 추격했어요. 결국 사울의 아들인 요나단과 아비나답(Abinadab)과 말기수아(Malkishua)가 블레셋 사람들의 손에 죽었습니다. 싸움은 계속 사울에게 불리하게 돌아갔어

「사울에게 응답한 사무엘의 유령」

러시아 화가 D. 마르티노프의 작품이다. 죽은 자의 영혼을 부르는 강신술과 마술은 가나안 종교와 관련이 있다. 사울이 무당들을 이스라엘에서 추방한 이유는 사람들이 여호와 하나님이 아니라 죽은 영에게 의지할 위험이 있었기 때문이다. 이러한 사건은 메소포타미아 고대 수메르 도시인 라가시

길보아 전투
네덜란드 화가 피터르 브뤼헐(父)의 「사울의 자살」이다. 화면 왼쪽 전면에 사울이 보인다. 전장은 블
레셋 영토에서 멀리 떨어진 곳이었다. 블레셋은 사울에게서 갈릴리 지역을 빼앗으려 했을 것이다.
전장에는 산이 많았으므로 가볍게 무장한 사울의 군사들에게 유리했다. 하지만 사울을 끝내 패배하
고 말았다.
빈 미술사 박물관 소장

「사울 왕의 죽음」

독일 화가 엘리 마르쿠제의 작품이다. 고대 근동에서 시체를 절단하고 장사 지내지 않는 것은 희생자에게 최고의 치욕이었다. 제대로 장사
지내지 않으면 내세가 불안정해진다고 믿었기 때문이다. 따라서 고대 근동의 군대들은 공포 전술의 일환으로 적군의 시체에 말뚝을 박았다.
텔 아비브 미술관 소장

요. 활 쏘는 병사들이 사울을 발견하고는 활을 쏘았고, 사울은 활에 맞아 심한 상처를 입었습니다. 사울은 자기 무기를 담당하는 병사에게 말했어요.

"저 블레셋 야만인들이 나를 조롱하지 못하게 하리라. 어서 칼을 뽑아 나를 찔러 죽여라."

병사는 너무 겁에 질려 사울을 찌르지 못했습니다. 그러자 사울은 자기 칼을 뽑아 칼끝을 배에 대고 엎어졌어요. 병사도 사울이 죽는 것을 보고 칼을 뽑아 칼 위에 엎어져 죽었지요. 이처럼 사울과 사울의 세 아들과 사울의 무기를 담당하는 병사는 같은 날 죽었습니다.

저지대와 요단 강 건너편에 살고 있던 이스라엘 사람들은 이스라엘 군인들이 도망치고 사울과 사울의 아들들이 죽은 것을 보았어요. 이스라엘 사람들은 자기가 사는 마을을 버리고 도망쳤지요. 빈 마을에는 블레셋 사람들이 들어와 살았습니다.

다음 날, 블레셋 사람들이 죽은 사람들의 물건을 거두러 왔다가 사울과 사울의 세 아들이 길보아 산에서 죽어 있는 것을 발견했어요. 블레셋 사람들은 사울의 머리를 베고 갑옷을 벗겨 냈습니다. 그러고 나서 자기 신들과 백성에게 승리의 소식을 전했어요. 블레셋 사람들은 사울의 갑옷을 아스다롯(Ashtoreth) 신전에 두었고, 사울의 시체는 벧산(Beth Shan) 성벽에 매달았습니다.

길르앗의 야베스에 사는 사람들은 블레셋 사람들이 사울에게 저지른 일을 들었어요. 사울은 왕이 되기 전에 암몬 사람들로부터 야베스 사람들을 구한 적이 있었습니다. 야베스의 용사들은 밤새 달려가서 벧산 성벽에 매달린 사울과 아들들의 시체를 내려 야베스로 옮겼어

아스다롯
고대 바벨론 조각이다. 아스다롯은 가나안의 여신이다. 다산의 신이자 전쟁의 신이다. 아스다롯 숭배는 메소포타미아와 신왕국 시대의 애굽에서 나타났다.

요. 야베스 사람들은 모두 사울과 아들들의 죽음을 애도했습니다. 그러고서 시체를 화장하고 뼈를 야베스에 있는 상수리나무 아래에 묻어 주었지요. 야베스 사람들은 7일간 금식했습니다.

다윗이 아말렉 사람들을 무찌르고 시글락으로 돌아온 지 3일째 되던 날, 한 남자가 자기 옷을 찢고 머리에 흙을 뒤집어쓰며 애도했어요. 사울의 진영에서 온 사람이었지요. 남자가 다윗 앞에 나아가 엎드려 절했습니다. 다윗이 남자에게 물었어요.

"너는 어디에서 왔느냐?"

"이스라엘 진영에서 빠져나왔습니다."

"전쟁은 어떻게 되었느냐? 말해 보아라."

"사람들은 전쟁터에서 도망쳤고 많은 사람이 죽었습니다. 사울과 요나단도 죽었습니다!"

다윗과 다윗의 사람들은 옷을 찢고 슬피 울며 저녁이 될 때까지 아무것도 먹지 않았습니다. 모두 사울과 요나단과 여호와의 백성이 칼에 맞아 죽은 것을 애도했지요.

다윗은 사울과 요나단을 기리며 노래를 불렀습니다.

울어라, 오 유다여!
슬퍼하라, 오 이스라엘이여!
너희 지도자들이 살해당했구나!
용사들이 싸움터에서 쓰러졌구나!

사울과 요나단은 서로 사랑하며 다정하더니

살아 있을 때나 죽을 때나 서로 떨어지지 않았구나!

그들은 독수리보다 재빨랐고

그들은 사자보다 강했다.

아 요나단아, 너의 죽음이 내 마음을 찢는구나.

아 나의 형제 요나단아, 내가 너를 위해 우노라.

너는 나를 끔찍이도 사랑해 주었다.

너의 우정은 여자의 사랑보다 훨씬 깊었다!

용사들이 싸움터에서 쓰러졌고

무기들은 사라져 버렸구나!

기브아 언덕에 있는 요르단 왕 후세인 별장 뼈대
사울의 고향인 기브아는 1968년까지 요르단에 속해 있었다. 요르단 국왕이었던 후세인이 지으려던 별장 골조가 기브아 언덕 꼭대기에 남아 있다. 공사는 요르단과 이스라엘의 전쟁으로 중단되었다.

이스라엘 군대의 시대별 변천사를 알아볼까요?

이스라엘 군대는 모집과 운영 방식이 시대별로 달랐습니다. 족장 시대에는 정규군이 없었어요. 부족원도 많지 않았고 목초를 찾아 여기저기 떠돌아다니는 유목 생활을 했기 때문에 정규군을 창설할 수 없었지요. 또한 이 시대에 벌어졌던 싸움은 우물이나 목초지를 빼앗기 위한 것에 불과했으므로 정규군을 둘 필요도 없었어요. 위급한 상황이 벌어지면 장정들을 모아 대처하는 것만으로도 충분했습니다. 하지만 예외도 있었어요. 아브라함은 가나안의 다섯 왕에게 조카 롯이 잡혀갔을 때 평소에 훈련시키던 318명을 데리고 가 구출했습니다. 이들은 대부분 아브라함의 종이었지요.

광야 시대와 가나안 정복 시대의 군대는 규모와 운영 면에서 조금 달라졌습니다. 12지파가 형성되면서 각 지파는 인구수에 따라 군인을 모아 운영했어요. 이 군대는 어느 정도 조직적으로 운영되었지요. 작은 부대는 10명에서 100명, 큰 부대는 1,000명에서 10,000명까지로 이루어졌습니다. 하지만 이들 또한 정규군이 아니라 민병대였어요.

사사 시대에도 비정규적으로 민병대 형태의 군대가 운영되었습니다. 지파나 지파 연합이 사사들을 중심으로 군대를 파견했어요. 한편, 사사 시대에는 지파 간의 유대가 많이 끊어졌습니다. 각 지파는 자신의 문제를 해결하는 데 급급해 외적의 침입이 있을 때 공동으로 대처하지 못했어요. 사사 드보라는 이 현실을 안타깝게 여겼습니다.

사울과 다윗이 통치하던 왕정 시대에 이스라엘 최초의 '정예 상비군'이 조직되었어요. 사울은 3,000여 명의 상비군을 조직했지요. 초기에는 사울이나 요나단이, 후기에는 군대 장관 아브넬이 상비군을 이끌었어요. 다윗 시대에는 주변의 어느 나라들보다 강한 군사력을 갖게 되었습니다. 다윗은 왕이 되기 전에 이미 '하비루(Habiru)' 부대의 지도자로서 뛰어난 전략을 구사했지요. 하비루는 고대 도시 국가에서 법적 · 사회적 보호를 받지 못했던 사람들을 말해요. 다윗은 이스라엘 사람뿐 아니라 전쟁 영웅이나 키가 크고 힘이 센 외국인 용병들도 자신의 군대에 받아들였답니다.

왕이 된 다윗은 왕궁을 지키는 '왕실 친위대'를 편성하고 여호야다의 아들 브나야가 지휘하도록 했어요. 나머지 군사를 지휘할 권한은 군대 장관인 요압에게 주었지요. 다윗의 군대는 크게 정규군인 '소수 정예의 상비군'과 백성들로 이루어진 '준정규 민병대'로 나뉘었습니다. 준정규 민병대는 각 부대가 2만 4,000명으로 구성되었어요. 이 민병대는 모두 12등급으로 나누어졌고, 군인들은 일 년에 한 달씩 근무해야 했지요. 징집 대상은 20세 이상의 남자였습니다. 제사장과 레위인, 최근에 집을 짓거나 포도원을 만든 사람, 약혼한 사람, 마음이 약해 두려움이 많은 사람은 징집에 응하지 않아도 괜찮았어요.

다윗 시대 군대에는 보병이 많았답니다. 활과 화살, 물매와 방패로 경무장한 군인들과 방패와 창으로 중무장한 군인이 있었지요. 산지(山地)인 팔레스타인에서 전투를 하는 데 아주 유용한 형태였어요.

솔로몬은 보병 중심의 정규군과 민병대 이외에 기병대와 전차 부대를 창설했습니다. 솔로몬은 예루살렘에 1,400대의 전차와 1만 2,000명의 마병을 주둔시켰어요. 므깃도, 하솔, 게셀과 같은 전차 성도 가지고 있었지요. 분열 왕국 시대까지도 이 형태는 계속 유지되었습니다. 이후 북 이스라엘이 멸망하고 남 유다의 군사력도 히스기야 시대 이후 약해졌어요. 결국 남 유다가 멸망할 때 이스라엘 군대도 사라지고 말았지요.

현 이스라엘군 소속,
나할 보병 연대

2 하나님이 사랑한 왕 | 다윗 왕

성경에는 참 많은 인물이 등장합니다. 하지만 다윗처럼 파란만장한 인생을 살았던 인물도 드물 거예요. 다윗은 볼품없는 목동이었다가 왕의 총애를 받는 부하가 됩니다. 이후에는 왕에게 쫓겨 다니며 죽음의 문턱을 오갔어요. 그러다 이스라엘 최고의 자리까지 오른답니다. 하지만 인생 후반에는 아들 때문에 또 쫓겨 다니는 신세가 되지요. 다윗의 인생을 그래프로 그리면 오르락내리락 정신이 없을 것 같네요. 한편, 하나님은 다윗을 사랑해 다윗을 통해 이스라엘 왕국을 굳건히 세우고, 다윗의 이름을 만방에 널리 떨쳤어요. 자, 이제 다윗 이야기의 클라이맥스가 펼쳐집니다.

- 네가 내 백성 이스라엘의 목자가 되며 네가 이스라엘의 주권자가 되리라. (『사무엘 하』 5:2)
- 네 집과 네 나라가 내 앞에서 영원히 보전되고 네 왕위가 영원히 견고하리라. (『사무엘 하』 7:16)
- 저녁에 다윗이 왕궁 옥상을 거닐다 그곳에서 보니 한 여인이 목욕을 하는데 심히 아름다워 보이는지라. (『사무엘 하』 11:3)
- 내 아들아, 내 아들 내 아들 압살롬아, 차라리 내가 너를 대신해 죽었다면, 압살롬 내 아들아 내 아들아. (『사무엘 하』 18:33)

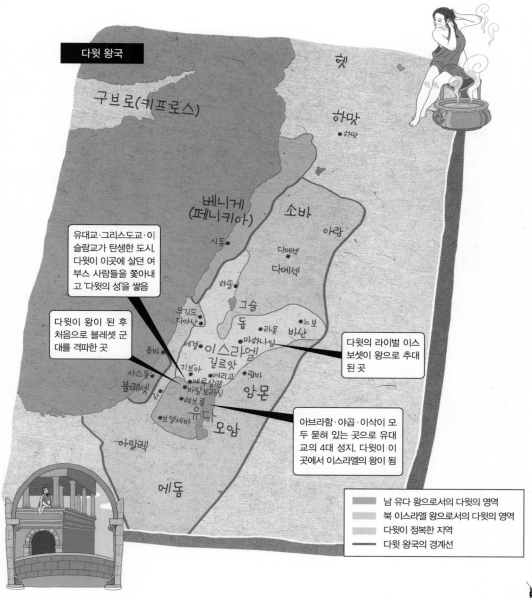

다윗 왕국

구브로(키프로스)

헷

하맛
• 하맛

베니게
(페니키아)

소바

아람

유대교·그리스도교·이슬람교가 탄생한 도시. 다윗이 이곳에 살던 여부스 사람들을 쫓아내고 '다윗의 성'을 쌓음

시돈 •

다메섹
다메섹

하솔 •

그술

다윗이 왕이 된 후 처음으로 블레셋 군대를 격파한 곳

므깃도
다아낙

돕
• 라못
마하나임

• 느보
바산

다윗의 라이벌 이스보셋이 왕으로 추대된 곳

세겜 •
이스라엘
길르앗

욥바 •

기브아
여리고
• 랍바

아스돗 •
예루살렘

블레셋

바알브라심
헤브론
유다
암몬

• 브엘세바

모압

아브라함·야곱·이삭이 모두 묻혀 있는 곳으로 유대교의 4대 성지. 다윗이 이곳에서 이스라엘의 왕이 됨

아말렉

에돔

남 유다 왕으로서의 다윗의 영역
북 이스라엘 왕으로서의 다윗의 영역
다윗이 정복한 지역
다윗 왕국의 경계선

일개 목동이 한 나라의 왕으로 부름받다

다윗이 여호와 하나님에게 물었습니다.

"제가 유다에 있는 성읍으로 올라가도 되겠습니까?"

여호와 하나님이 대답했어요.

"올라가거라."

"제가 어디로 가야 합니까?"

"헤브론으로 가라."

다윗은 두 아내인 아히노암(Ahinoam)과 아비가일을 데리고 헤브론으로 올라갔습니다. 다윗은 부하들과 다른 식구들도 데려갔어요. 모두 헤브론의 여러 마을에서 살았지요. 유다 사람들은 헤브론에 찾아와 다윗을 유다의 왕으로 세웠어요.

다윗은 유다 사람들에게 길르앗의 야베스 사람들이 사울을 위해 장사 지냈다는 이야기를 들었습니다. 다윗은 야베스 사람들에게 사람을 보내 이렇게 전했어요.

"사울 왕에게 은혜를 베풀어 장사를 지내 주었으니 여호와 하나님께서 여러분에게 복 주시기를 바라오. 또 은혜와 신의도 베풀어 주시길 바라오. 나도 여러분이 행한 선한 일에 대해 은혜를 갚을 것이오. 이제 용기를 내고 마음을 굳건히 하시오. 사울 왕은 죽었고 유다 사람들이 나를 왕으로 세웠소."

다윗 왕
고대 이스라엘의 제2대 왕이다. 예루살렘을 중심으로 유대교를 확립하고 제사 제도를 정비했다.
산타 마리아 마조레 교회 소장

한편, 사울의 군대 지휘관이었던 아브넬은 사울의 아들 **이스보셋**(Ish-Bosheth)을 데리고 마하나임(Mahanaim)으로 갔습니다. 마하나임에서 이스보셋을 길르앗과 온 이스라엘의 왕으로 세웠지요. 하지만 유다 사람들은 여전히 다윗을 왕으로 모셨어요.

사울을 따르는 사람들과 다윗을 따르는 사람들 사이에 전쟁이 끊임없이 일어났습니다. 다윗의 세력은 점점 강해지고 사울의 세력은 점점 약해졌어요.

어느 날 한낮이었습니다. 림몬의 아들인 레갑(Recab)과 바아나(Baanah)가 이스보셋의 궁전에 갔어요. 이스보셋은 낮잠을 자고 있었습니다. 궁전 문지기는 밀을 치우다가 몸이 나른해져 그만 잠이 들고 말았지요. 레갑과 바아나는 이스보셋을 죽이고 머리를 벴습니다.

이스보셋이 죽은 후 이스라엘의 모든 지파가 헤브론에 있는 다윗에게 찾아와 말했어요.

"왕이시여, 우리는 왕과 한 골육입니다. 사울이 저희를 다스렸을 때도 이스라엘군을 이끌었던 분은 바로 당신입니다. 여호와 하나님께서는 당신에게 '너는 내 민족 이스라엘의 목자가 될 것이다. 너는 이스라엘의 지도자가 될 것이다.'라고 말씀하셨습니다."

이스라엘의 장로들도 모두 다윗에게 왔습니다. 다윗은 여호와 하나님 앞에서 이스라엘의 장로들과 언약을 맺었어요. 장로들은 다윗을

「이스보셋군과 다윗군의 전투」
프랑스 화가 귀스타브 도레의 작품이다. 이스보셋의 후원자인 아브넬은 북쪽 지파들의 지지를 받고 있었을 것이다.

이스라엘의 왕으로 삼았습니다. 다윗은 30세에 왕이 되어 40년 동안 이스라엘을 통치했답니다.

블레셋 사람들은 이스라엘 사람들이 다윗을 왕으로 삼았다는 소식을 듣고 다윗을 잡으러 올라왔습니다. 다윗은 블레셋 사람들이 몰려온다는 소식을 듣고 요새로 피신했어요.

다윗의 용사 30명 가운데 세 명이 절벽 끝에 있는 아둘람 동굴로 왔습니다. 그때 블레셋 군대는 르바임(Rephaim) 골짜기에 진을 치고 있었지요. 블레셋 사람들은 베들레헴에 머물고 있었어요. 요새에 숨어 있던 다윗은 목이 말라 간절하게 말했습니다.

"아, 누가 나를 위해 베들레헴 성문 가까이에 있는 우물에 가서 물을 가져다줄 수 있겠느냐?"

세 용사가 블레셋의 전선을 뚫고 베들레헴 성문 가까이에 있는 우물물을 떠서 다윗에게 가지고 왔어요. 다윗은 물을 내민 용사들을 보고 목이 멨습니다. 다윗은 물을 마시지 않고 여호와 하나님에게 부었

르바임 골짜기
'거인의 골짜기'라는 뜻이다. 베들레헴 근처에 있는 좁고 긴 골짜기다. 이 골짜기는 예루살렘과 연결되어 있어, 적이 다윗의 보급로를 끊기에 적당한 곳이다.

어요.

"하나님, 저는 이 물을 마실 수 없습니다. 세 용사가 자기 목숨을 바쳐 가져온 피 같은 물입니다."

블레셋 사람들이 몰려와 르바임 골짜기를 가득 메웠습니다. 다윗이 여호와 하나님에게 물었어요.

"제가 블레셋 군대를 공격하러 나가도 되겠습니까? 당신께서 제 손에 저들을 넘겨주십니까?"

하나님이 다윗에게 약속했지요.

"가거라. 내가 반드시 블레셋 사람들을 네 손에 넘겨주겠다."

다윗은 바알브라심(Baal Perazim)으로 곧장 내려가 블레셋 군대를 물리쳤습니다. 승리한 다윗이 외쳤어요.

"여호와 하나님께서 홍수가 둑을 무너뜨리듯 원수를 물리쳐 주셨다."

블레셋 군대가 또다시 올라와 르바임 골짜기를 가득 메웠습니다. 다윗이 여호와 하나님에게 기도했을 때 하나님이 대답했어요.

"적 바로 앞에서 공격하지 말고 뒤로 돌아가 뽕나무 숲 맞은편에서 공격해라. 뽕나무 밭 위쪽에서 행군하는 소리가 들리면 재빨리 움직여 공격해라. 그때 나 여호와가 너희보다 먼저 가서 블레셋 군대를 물리치리라."

다윗은 여호와 하나님의 명령을 따라 블레셋 군대를 기브온에서 게셀(Gezer)까지 쫓아가면서 물리쳤습니다.

「베들레헴의 우물에서 떠 온 물을 받는 다윗 왕」
'신의 가호를 받는 전사'라는 모티프는 고대 근동 전역에 퍼져 있었다. 출전하는 헷의 하투실리스 3세 앞에는 아스다롯이 있었고, 애굽의 투트모세 3세 앞에는 아문라가 있었다.
시카고 미술관 소장

다윗의 성, 거룩한 예루살렘

다윗과 부하들은 예루살렘으로 가서 여부스(Jebus) 사람들을 공격했습니다. 여부스 사람들이 다윗에게 말했어요.

"너는 이 땅에 들어오지 못할 것이다. 눈먼 자나 다리 저는 자라도 얼마든지 너희를 물리칠 것이다."

여부스 사람들은 다윗이 자기 땅에 들어올 수 없다고 생각했습니다.

하지만 다윗은 시온(Zion)의 요새를 점령했고 이 요새에 머물렀어요. 또한 요새 주변에 성벽을 쌓아 '다윗의 성'이라 불렀지요.

다윗은 점점 강해졌습니다. 만군의 여호와 하나님이 함께했기 때문이지요. 어느 날, 두로 왕 히람(Hiram)이 다윗에게 사신들을 보냈습니다. 백향목과 목수와 석수도 보내 궁전을 지어 주었어요. 다윗은 여호

다윗의 성 유적지
예루살렘 구시가지 남서쪽에 있는 좁은 벼랑 위에 있다. 둥근 성벽 잔해와 집을 짓기 위한 단 등이 발견되었다. 바빌론이 기원전 587년에 파괴했다고 전한다.

와 하나님이 자신을 이스라엘의 왕으로 세우고 하나님의 백성인 이스라엘 사람들을 구하기 위해 왕국을 굳건히 다졌다는 것도 알았습니다.

다윗은 하나님의 언약궤를 옮기기 위해 이스라엘 사람 3만 명을 모아 그들을 이끌고 바알레유다(Baalah of Judah)로 갔어요. 하나님의 언약궤는 언덕 위에 있는 아비나답의 집에 있었습니다. 아비나답은 사울의 죽은 아들이지요. 이

스라엘 사람들은 하나님의 언약궤를 새 수레에 실어 아비나답의 집에서 가지고 나왔어요. 아비나답의 아들인 웃사(Uzzah)와 아효(Ahio)는 수레를 끌었습니다. 웃사는 언약궤 옆에서 걸었고 아효는 앞에서 걸었지요. 다윗과 이스라엘 사람들은 여호와 하나님 앞에서 수금과 비파와 소고와 양금과 제금 등 온갖 악기를 연주하며 춤추었습니다.

이스라엘 사람들이 나곤(Nacon)의 타작마당에 이르렀을 때였어요. 갑자기 수레를 끌던 소들이 날뛰었습니다. 언약궤가 수레에서 떨어지려 하자 웃사가 손을 뻗어 언약궤를 붙잡았어요. 여호와 하나님은 화가 나서 웃사를 죽였습니다. 손으로 하나님의 언약궤를 만졌기 때문이지요. 다윗은 하나님이 두려워져 "이래서야 여호와의 언약궤가 어찌 내게 오겠는가?"라고 탄식했습니다. 다윗은 언약궤를 다윗의 성으로 옮기지 않고 가드 사람인 오벳에돔(Obed-Edom)의 집으로 보냈어

「언약궤 앞에서 춤추는 다윗」
플랑드르 화가 피터르 반 린트의
작품이다. 고대 사회에서 춤은 대
부분 종교 의식과 관련된 것이다.

요. 언약궤는 오벳에돔의 집에서 석 달간 있었지요. 여호와 하나님은
오벳에돔과 그의 가족들에게 복을 내려 주었습니다.

　다윗은 여호와 하나님이 오벳에돔과 그의 가족들에게 복을 내렸다
는 사실을 전해 들었어요. 다윗은 기뻐하며 오벳에돔의 집에 있던 하
나님의 언약궤를 다윗의 성으로 옮겨 오기로 했습니다. 언약궤를 옮
기는 사람들이 여섯 걸음을 걸을 때마다 다윗은 소와 살진 짐승을 제
물로 바쳤어요. 또한 다윗은 베로 만든 에봇을 걸치고 여호와 하나님
앞에서 온 힘을 다해 춤을 추었지요. 다윗과 모든 이스라엘 사람은 하

나님의 언약궤를 성으로 가지고 들어가면서 환호성을 올리고 나팔을 불었습니다.

이스라엘 사람들은 언약궤를 언약궤를 위해 만들어 놓은 장막 안에 두었어요. 다윗은 여호와 하나님에게 번제와 화목제(和睦祭)를 드렸습니다. 번제와 화목제가 끝나자 다윗은 만군의 여호와 하나님의 이름으로 이스라엘 사람들을 축복했지요. 그러고서 자리에 있던 모든 이스라엘 사람에게 빵 한 조각과 고기 한 점과 건포도로 만든 과자 한 개를 나누어 주었습니다. 이스라엘 사람들은 음식을 받고 집으로 돌아갔어요.

여호와 하나님은 선지자 나단(Nathan)에게 말했습니다.

"너는 나의 종 다윗에게 말해라. '만군의 여호와 하나님이 말한다. 나는 초원에서 양 떼를 따라다니던 너를 데려다 왕으로 세워 내 백성 이스라엘 사람들을 다스리게 했다. 네가 어디로 가든지 너와 항상 함께했고 네 앞에서 원수들도 모조리 물리쳐 주었다. 이제 이 땅의 위대한 사람들의 이름처럼 네 이름도 높이리라. 네가 목숨이 다해 조상들 옆에 묻히면 너에게서 태어난 자식들을 왕으로 삼을 것이다. 네 자식의 왕위를 굳건히 하리라. 나는 그의 아버지가 되고 그는 나의 아들이 될 것이다. 만일 네 자식이 잘못된 길로 빠지면 내가 바로 잡아 줄 것이다. 사울에게서 내 마음을 돌이켰지만 네 자식에게는 내 마음을 돌이키지 않으리라. 네 집안과 네 나라가 내 앞에 항상 굳건히 서 있을 것이다. 네 왕위는 영원히 보전될 것이다.'"

화목제
감사제 혹은 구원제라고도 한다. 목적은 하나님에게 동물을 바쳐 하나님과 사람과의 관계를 화목하게 하는 것이다. 즉위식이나 성전 봉헌 때 드리곤 했다. 사진은 브엘세바에서 발견된 제사용 토기다.
이스라엘 박물관 소장

다윗이 요나단의 아들을 곁으로 부르다

다윗이 물었습니다.

"사울의 집안에 아직도 살아남은 사람이 있느냐? 요나단을 보아서라도 은혜를 베풀고 싶구나."

사울의 집안에 시바(Ziba)라는 종이 있었어요. 사람들이 시바를 다윗 앞으로 불렀지요. 다윗이 시바에게 물었습니다.

"네가 시바냐?"

"네, 그렇습니다. 제가 당신의 종 시바입니다."

"사울의 집안에 또 살아남은 사람이 있느냐? 있다면 내가 그 사람에게 은혜를 베풀고 싶다."

"요나단의 아들 하나가 아직 살아 있습니다. 그런데 다리를 절뚝거립니다."

"요나단의 아들은 지금 어디에 있느냐?"

"그는 **로드발**(Lo Debar)에 있는 마길(Makir)의 집에 있습니다."

다윗은 사람을 보내 마길의 집에서 요나단의 아들을 데려왔어요. 요나단의 아들 **므비보셋**(Mephibosheth)이 다윗에게 나아가 엎드려 절했지요. 다윗이 "므비보셋아!"하고 불렀습니다. 므비보셋이 "당신의 종이 여기 있습니다!"라고 대답했어요.

"두려워하지 마라. 내가 네 아버지 요나단을 생각해서라도 반드시

로드발 남쪽의 야르묵 강
로드발은 사울 시대에는 사울과 동맹을 맺었다가, 다윗 시대에는 다윗의 속주가 되었다. 골란 남서쪽 끄트머리, 야르묵 강 북쪽에 위치한다.

네게 은혜를 베풀 것이다. 네 할아버지 사울이 소유했던 땅을 모두 네게 돌려주겠다. 너는 항상 내 식탁에서 함께 식사해라."

므비보셋은 절하며 말했어요.

"제가 무엇인데 이리도 호의를 베풀어 주십니까?"

다윗은 사울의 종 시바를 다시 불렀습니다.

"나는 므비보셋에게 사울 집안에 속해 있던 땅을 모두 주었다. 그에게 늘 양식이 있어야 하므로 너를 비롯해 네 아들과 네 종들은 므비보셋을 위해 땅을 갈고 열매를 거두어야 할 것이다. 하지만 므비보셋은 항상 내 식탁에서 식사할 것이다."

시바에게는 아들 열다섯 명과 종 스무 명이 있었어요. 시바가 다윗에게 말했지요.

"왕께서 명령하신 대로 모두 행하겠습니다."

「다윗 왕 앞에 무릎 꿇은 므비보셋」
므비보셋이 다리를 절게 된 까닭은 「사무엘 하」 4장 4절에 소개되어 있다. 유모가 요나단의 전사 소식을 듣고 므비보셋을 안고 도망치다 떨어뜨렸다.

므비보셋은 다윗의 다른 아들들처럼 다윗의 식탁에서 식사했습니다. 므비보셋에게도 어린 아들이 하나 있었는데 이름은 미가(Mica)였어요. 한편, 시바의 집에 살고 있던 사람들은 모두 므비보셋의 종이 되었습니다. 그리하여 므비보셋은 예루살렘에서 살게 되었어요. 므비보셋은 두 다리를 모두 절었지만 항상 다윗의 식탁에서 함께 식사했답니다.

다윗과 밧세바

어느 날 저녁, 다윗의 종인 요압(Joab)이 전쟁터에서 랍바(Rabbah) 성에 있는 암몬 사람들을 공격하고 있을 때였습니다. 다윗은 예루살렘에 남아 있었어요. 저녁 무렵에 다윗은 잠자리에서 일어나 왕궁 지붕 위로 올라갔습니다. 지붕 위에서 한 여인이 목욕하고 있는 모습을 보았지요. 여인은 매우 아름다웠습니다. 다윗은 사람을 보내 여인에 대해 알아보게 했어요. 한 신하가 와서 말했지요.

"그 여인은 헷 사람 우리아(Uriah)의 아내 밧세바(Bathsheba)가 아닙니까?"

다윗은 사람들을 보내 밧세바를 데려왔습니다. 밧세바는 와서 다윗과 잠자리를 같이하고 다시 자기 집으로 돌아갔어요. 밧세바는 얼마 있지 않아 다윗의 아이를 임신했다는 소식을 다윗에게 알려 왔습니다.

다윗은 급히 요압과 함께 있던 우리아를 예루살렘으로 불렀습니다. 우리아가 집으로 돌아가 아내와 같이 자면 밧세바가 가진 아이를 우리아의 아이라 주장할 수 있다고 생각한 것이지요. 다윗은 도착한 우리아에게 보고를 받고 "네 집에서 발을 씻어라."라며 우리아를 집으로 보내려 했어요. 하지만 우리아는 거절했습니다.

"주인 요압과 왕의 부하들이 진 치고 있는데 제가 어찌 제집에서 먹고 마시며 아내와 같이 잘 수 있겠습니까?"

우리아는 집으로 가지 않고 예루살렘에서 그날 밤을 보냈습니다.

이튿날, 다윗은 우리아에게 편지를 주어 요압에게 전하게 했어요. 다윗은 편지로 요압에게 명령했습니다.

"우리아를 전투가 가장 치열한 최전선으로 보내라. 그런 후에 너는

「다윗의 편지를 든 밧세바」
네덜란드 화가 렘브란트의 작품이다. 예루살렘 사람들은 초저녁이면 남의 눈에 잘 띄지 않는 지붕 꼭대기에 나와 상쾌한 바람을 즐기곤 했다. 다윗의 왕궁 옥상에는 거실이나 침실이 있었을 것이다.
루브르 박물관 소장

「다윗과 우리아」
네덜란드 화가 렘브란트의 작품이
다. 우리아가 속한 헷족, 즉 히타이
트족은 가나안의 주요 일곱 민족
가운데 하나였다. 사사 시대나 통
일 왕국 시대에 종종 이스라엘의
용병이나 노동자로 일했다.
에르미타슈 미술관 소장

우리아를 혼자 남겨 두고 뒤로 물러나야 한다. 우리아가 홀로 싸우다
죽게 해라.”

　요압은 성을 살피고 적의 세력이 가장 강한 곳에 우리아를 보냈어
요. 성에 있던 사람들은 밖으로 나와 요압과 싸웠습니다. 그 결과 다윗
의 병사가 몇 명 죽고 헷 사람 우리아도 전사했어요.

　요압은 전령을 보내 다윗에게 싸움터에서 일어난 일을 모두 보고했
습니다. 요압은 전령에게 지시했어요.

　“네가 다윗 왕께 싸움터에서 있었던 일을 모두 전하면 왕은 네게 화

를 내며 이렇게 말할 것이다. '왜 성벽 가까이에서 싸웠느냐? 적들이 성벽에서 화살을 쏜다는 것을 생각하지 못했단 말이냐? 여룹바알의 아들 아비멜렉(Abimelech)이 데벳스(Thebez)에서 어떻게 죽었는지 잊었느냐? 성벽 위에 있던 한 여자가 맷돌을 던져 죽었다. 도대체 왜 성벽 가까이에 갔느냐?' 그러면 이렇게 대답해라. '당신의 종인 헷 사람 우리아도 죽었습니다.'"

요압의 전령은 예루살렘으로 가서 지시받은 대로 다윗에게 전했습니다. 다윗은 전령에게 말했어요.

"요압에게 이 일로 염려하지 말라고 전해라. 전쟁을 하다 보면 칼로 죽일 수도 있고 죽을 수도 있다. 계속 성을 공격하라고 해라. 내 말을 전해 요압을 격려해라."

「헷 사람 우리아의 죽음」
이탈리아 화가 베르나르디노 루이니의 작품이다. 맷돌에 맞아 죽은 아비멜렉은 사사 기드온의 아들이다. 세겜과의 전투 중 죽었다. 「사사기」 9장의 이야기다.
루브르 박물관 소장

「다윗 왕을 꾸짖는 나단」
「다윗 왕을 꾸짖는 나단」
이탈리아 화가 팔마 일 지오바네
의 작품이다. 양을 훔친 사람이 네
배로 갚는 것은 「출애굽기」 22장 1
절에 따른 것이다. 바벨론의 '함무
라비 법전'에는 열 배라고 명시되
어 있다.
빈 미술사 박물관 소장

밧세바는 남편 우리아가 죽었다는 소식을 듣고 슬피 울었어요. 애도 기간이 끝나자 다윗은 사람을 보내 밧세바를 데려왔습니다. 밧세바는 다윗의 아내가 되어 아들을 낳았어요.

여호와 하나님은 다윗이 저지른 일을 기뻐하지 않았습니다. 하나님은 다윗에게 선지자 나단을 보냈어요. 나단이 다윗에게 이야기 하나를 들려주었지요.

"어떤 성에 두 사람이 있었습니다. 한 사람은 부자였고 다른 사람은 가난했지요. 부자는 많은 양과 소를 가지고 있었습니다. 하지만 가난한 자에게는 새끼 암양 한 마리밖에 없었습니다. 가난한 자는 양을 정성껏 길렀고 양은 그의 자식들과 함께 자랐습니다. 양은 가난한 사람이 먹는 음식과 물을 나누어 먹었습니다. 그리고 마치 딸처럼 가난한 사람 품에서 잠을 잤지요.

어느 날, 부자에게 한 나그네가 찾아왔습니다. 부자는 자신의 가축을 잡아 나그네를 대접하고 싶지 않았습니다. 그래서 부자는 가난한 사람의 양을 가져다 손님을 대접했습니다."

다윗은 이야기를 듣고 크게 화를 내며 나단에게 말했어요.

"무자비한 사람이로구나! 살아 계신 여호와를 두고 맹세하건대 그런 짓을 저지르는 자는 죽어 마땅하다. 그자는 양을 네 배로 갚아 주어야 할 것이다."

나단이 다윗을 꾸짖었습니다.

"당신이 바로 그 부자입니다! 이스라엘의 여호와 하나님께서 이렇게 말씀하셨습니다. '내가 너를 이스라엘의 왕으로 세웠고 사울의 손에서 구해 주었다. 또한 네 주인의 집과 네 주인의 아내들을 주고 이스라엘과 온 유다 땅도 네게 주었느니라. 그래도 부족한 것이 있으면 그만큼 더 주었을 것이다.

그런데도 너는 왜 옳지 못한 행동으로 나 여호와를 경멸하려 드느냐? 너는 헷 사람 우리아를 암몬 사람의 칼로 쳐 죽였고 우리아의 아내를 네 아내로 삼았다. 이제 네 집안도 칼을 받는 것을 피하지 못하리라. 네가 나를 경멸했고 헷 사람 우리아의 아내를 네 아내로 취했기 때문이다.'"

다윗이 이 말을 듣고 나단에게 말했어요.

"내가 여호와 하나님께 죄를 지었소!"

"여호와 하나님께서는 당신을 용서하셨습니다. 그러니 당신은 죽지 않을 것입니다. 하지만 당신은 여호와 하나님을 모욕했으니 당신에게서 태어날 아이들은 반드시 죽게 될 것입니다."

나단은 이렇게 말한 후 집으로 돌아갔습니다.

나단의 비유
「사무엘 하」 15장 4절, 「열왕기 상」 3장 4~28절에 따르면, 왕은 백성의 권리를 옹호하는 사람이다. 나단은 비유를 들어, 다윗이 이와 반대로 행동한 것을 꾸짖는다.

여호와 하나님이 밧세바의 아이를 쳐서 아이는 큰 병을 얻었어요. 다윗은 아이를 위해 기도했습니다. 아무것도 먹지 않았고 밤이 되면 슬픔에 잠겨 잠도 자지 않은 채 바닥에 누워만 있었어요. 다윗 집안의 나이 많은 어른들이 와서 다윗을 일으켜 세우려 했지만 다윗은 일어나지 않았고 여전히 아무것도 먹지 않았지요. 일곱째 날, 아이는 죽었습니다. 다윗의 신하들은 다윗에게 알리지 못하고 전전긍긍했어요.

"아이가 살아 있을 때도 왕은 우리 말을 전혀

듣지 않으셨다. 그러니 아이가 죽었다고 전하면 무슨 변이 생길지 두렵구나!"

다윗은 신하들이 서로 이야기하는 것을 듣고 아이가 죽었다는 것을 알게 되었습니다. 다윗이 신하들에게 물었어요.

"아이가 죽었느냐?"

"네, 죽었습니다."

다윗은 자리에서 일어나 깨끗이 씻고 몸에 기름을 발랐습니다. 그런 후에 옷을 갈아입고 여호와의 성전으로 가서 예배를 드렸어요. 다윗은 예배를 마치고 돌아와 신

「죽은 어린 자식 앞에서 우는 다윗과 밧세바」
네덜란드 화가 살로몬 코닝크의 작품이다. 구약 성경에서 금식은 하나님에게 무언가를 구하는 행위다. 이 영적 행위를 중시하느라 육체적 필요를 미룬다는 원리다.
빈 미술사 박물관 소장

하들에게 먹을 빵을 달라고 했습니다. 신하들은 다윗에게 음식을 가져왔고 다윗은 그 음식을 먹었지요.

신하들이 다윗에게 물었습니다.

"어떻게 된 일이십니까? 왕께서는 아이가 살아 있을 때 음식도 먹지 않고 슬피 울기만 하셨습니다. 그런데 아이가 죽자 자리에서 일어나 음식을 드시다니요?"

다윗이 대답했어요.

"아이가 아직 살아 있을 때는 여호와 하나님이 나를 불쌍히 여겨 아이를 살려 주실까 봐 먹지 않고 슬피 울었다. 하지만 이제 아이가 죽었으니 음식을 먹지 않을 이유가 있느냐? 그 아이를 내가 다시 데려올 수 있느냐? 나는 언젠가 그 아이에게 가겠지만 그 아이는 내게 돌아올 수 없다."

아버지에게 칼끝을 겨눈 아들

다윗의 아들 압살롬(Absalom)은 전차와 말을 마련하고 병사 50명을 준비했습니다. 그는 아침 일찍 일어나 성문 근처에 서 있곤 했어요. 왕에게 재판을 부탁하러 성으로 들어가려는 사람들을 붙잡고 "어느 성에서 왔느냐?"라고 물었지요. 사람들은 "종은 이스라엘의 어느 지파 출신입니다."라고 대답했어요. 압살롬은 사람들의 형편을 들어 주고 다윗을 은근히 비난했습니다.

"들어 보니 네 주장이 옳구나. 하지만 왕은 네 이야기를 들어 줄 사람을 임명하지 않았다. 내가 이 땅의 재판관이라면 억울한 사람이 나를 찾아와 판결을 받게 할 것이다!"

또한 누가 압살롬에게 다가와 절하려 하면 압살롬은 손을 잡아 일으켜 세우고 입을 맞추었어요. 다윗 왕에게 재판을 받으러 오는 이스라엘 사람 모두에게 이런 식으로 대했지요. 압살롬은 점점 이스라엘 사람들의 마음을 사로잡았습니다.

헤브론
요단 강 서안에 있는 도시다. 해발 고도 910m에 위치한다. 유대교의 4대 성지며, 이슬람교의 성지기도 하다. 7년간 다윗의 수도로서 번창했다.

4년 후에 압살롬은 아버지 다윗에게 허락을 구했습니다. "제가 주님께 약속한 것이 있습니다. 헤브론에 가서 그 약속을 지키고 싶습니다." 다윗은 "평안히 다녀오너라."라고 허락했지요. 압살롬은 헤브론으로 갔습니다. 헤브론에서 이스라엘 지파 모두에게 전령들을 보냈어요.

"나팔 소리를 듣자마자 이렇게 소리 질러라. '압살롬이 헤브론에서 왕이 되었다.'"

압살롬은 예루살렘에서 200명을 데려왔습니다. 예루살렘에서 온 사람들은 그저 초대되어 따라온 자들이라 압살롬이 무슨 일을 꾸미는지 전혀 알지 못했지요. 압살롬은 제사를 지낼 때 다윗의 참모인 길로(Giloh) 사람 아히도벨(Ahithophel)도 불러왔습니다. 계획이 착착 진행되어 압살롬을 따르는 무리는 점점 늘었어요.

전령 하나가 다윗에게 와서 전했습니다.

「음모를 꾸미기 위해 다윗을 떠나는 압살롬」
압살롬이 모은 병사 50명은 군대의 일반적인 규모다. 이들은 전차에 앞서 달리며 왕이나 왕자가 온다는 것을 알리고 왕이나 왕자를 호위했다.

"이스라엘 사람들의 마음이 압살롬에게 가고 있습니다."

다윗은 예루살렘에 있는 신하들에게 말했어요.

"서둘러 도망가자. 서두르지 않으면 압살롬에게 다 잡히고 만다. 바로 떠나자꾸나. 그렇지 않으면 압살롬이 우리를 잡아 모조리 죽일 것이다."

신하들이 말했습니다.

"저희는 당신의 종입니다. 왕께서 말씀하신 대로 하겠습니다."

다윗과 다윗을 따르는 모든 사람이 밖으로 나와 마지막 궁에 서 있을 때였습니다. 관리들과 왕의 호위병들, 가드 사람 잇대(Ittai)와 가드에서 따라온 600명이 왕 앞으로 지나갔어요.

다윗이 잇대에게 말했습니다.

"너는 우리를 따라오지 않아도 된다. 돌아가서 새 왕과 함께해라. 너는 외국인이고 이곳은 네 고향도 아니니 널 어쩌겠느냐? 나는 앞으로

기드론 골짜기
예루살렘 겟세마네 동산 건너편에 있는 골짜기다. 마지막 심판이 일어날 장소로 알려져 그리스도교, 유대교, 이슬람교의 공동묘지가 조성되었다. 제1 신전 시대와 제2 신전 시대 무덤이 많다.

어디로 가야 할지도 모른다. 여기 온 지 얼마 되지도 않았는데 네가 이리 고생할 필요는 없다. 어서 네 사람들을 데리고 돌아가거라. 여호와 하나님의 은혜와 사랑이 함께하길 바란다."

"살아 계신 여호와 하나님과 이스라엘의 왕이신 주인을 두고 맹세하건대 왕의 거처와 제 생사(生死)에 관계없이 저는 당신의 종입니다!"

"그렇다면 어서 가거라."

잇대는 자기가 거느리는 사람들과 그들의 자녀들과 함께 앞서 갔습니다.

다윗이 기드론(Kidron, 키드론) 골짜기에 서 있을 때 온 백성이 슬피 울었어요. 백성은 왕 앞을 지나 광야로 나아갔지요. 사독(Zadok)과 아비아달은 하나님의 언약궤를 가져와 백성이 지나는 곳에 내려놓았어요. 다윗은 언약궤를 보고 사독에게 말했습니다.

"하나님의 언약궤를 성으로 다시 가져가거라. 하나님이 나에게 은

「예루살렘을 떠나는 다윗」
감람산을 떠난 다윗은 요단 골짜기로 가는 길을 따라 바후림에 도착할 것이다. 이후 여리고 나루터에서 요단 강을 건너 마하나임으로 갈 것이다.

혜를 베푸시면 나를 다시 돌려보내 언약궤와 예루살렘을 다시 보여 주실 것이다. 하지만 하나님이 나를 더는 믿지 못하시면 그분이 하시는 대로 따르리라."

사독과 아비아달은 다윗의 말대로 하나님의 언약궤를 다시 가져가 예루살렘에 두었어요.

다윗은 슬피 울면서 감람산에 올랐습니다. 올라가는 내내 두 손으로 머리를 가리고 신을 신지 않았지요. 다윗을 따르는 사람들도 머리를 두 손으로 가리고 올랐어요. 모두 산을 오르는 내내 슬피 울었습니다.

산꼭대기는 하나님에게 예배를 드리던 곳이었어요. 다윗이 꼭대기에 이르자 아렉 사람 후새(Hushai)가 슬픔을 이기지 못해 옷을 찢고 머리에 흙을 덮어쓰면서 다윗에게 나아갔습니다. 다윗이 후새에게 말했어요.

"네가 나와 함께 간다면 내게 짐만 될 것이다. 대신 성으로 돌아가 압살롬에게 '당신의 아버지와 형제들은 도망갔습니다. 이제 저는 당신의 종입니다. 제가 전에는 당신 아버지의 종이었으나 이제는 당신의 종입니다.'라고 말해라. 네가 압살롬 곁에 있을 수 있다면 나를 없애려는 아히도벨의 계획을 무산시킬 기회를 얻을 것이다. 또한 선지자 사독과 아비아달이 너와 함께한다는 것을 잊지 마라. 두 선지자에게는 각각 아들이 있다. 사독의 아들은 아히마스(Ahimaaz)고 아비아달의 아들은 요나단(Jonathan)이다. 이 네 명을 통해 네가 듣는 이야기를 모두 내게 전해라."

후새는 다윗의 말대로 성으로 향했습니다. 다시 길을 떠난 다윗 일행은 매우 지쳐 요단 강에 이르러 휴식을 취했어요. 모두 기운을 되찾았습니다.

후새가 성에 도착할 무렵 압살롬과 압살롬을 따르는 이스라엘 사람들도 예루살렘으로 입성했어요. 참모 아히도벨도 압살롬과 함께 들어왔습니다. 다윗의 친구인 후새가 압살롬에게 가서 외쳤어요.

"압살롬 왕 만세! 압살롬 왕 만세!"

압살롬은 후새에게 물었습니다.

감람산
예루살렘 동쪽 언덕에 있는 산이다. 산꼭대기에 이르면 예루살렘 시가지, 사해 북쪽, 길르앗·모압 산들이 한눈에 내려다보인다.

"당신의 우정은 어디로 갔습니까? 왜 친구인 다윗과 함께 가지 않았습니까?"

"여호와 하나님과 당신의 신하들과 이스라엘 사람 모두가 당신을 선택했습니다. 저는 하나님이 선택한 분의 편입니다. 따라서 당신과 함께할 것입니다. 제가 부왕의 아드님이 아니면 달리 누구를 섬기겠습니까? 예전에 당신의 아버님을 섬겼듯 이제 당신을 섬기겠습니다."

당시 사람들은 아히도벨의 계획이 하나님에게서 온 것만큼 믿을 만하다고 생각했어요. 압살롬도 다윗처럼 아히도벨을 믿었지요. 어느 날, 아히도벨이 압살롬에게 말했습니다.

압살롬
다윗의 셋째 아들로 다윗의 왕권에 도전해 헤브론에서 즉위한다. 그술 왕 달매의 딸 마아가의 소생이다.

"당장 1만 2,000명의 군사를 뽑아 오늘 밤 다윗의 뒤를 쫓도록 허락해 주십시오. 다윗이 지쳐서 힘이 없을 때 그를 덮쳐 겁을 주면 다윗과 함께 있던 자들이 모두 달아날 것입니다. 그때 다윗만 쳐서 죽이면 됩니다. 또한 다윗과 함께 있던 자들도 모두 왕께 데리고 오겠습니다. 마치 신부가 자기 신랑에게 되돌아오는 것처럼 말입니다. 오직 한 사람의 목숨만 노리십시오. 그리하면 다른 이들은 모두 평안할 것입니다."

압살롬과 이스라엘의 지도자들은 아히도벨의 계획이 마음에 들었어요.

하지만 압살롬은 말했습니다.

"후새를 불러 그의 의견도 물어보자."

후새가 압살롬에게 왔을 때 압살롬은 아히도벨의 계획을 설명했어요. 그러고서 후새에게 물었지요.

"아히도벨은 이렇게 이야기했다. 이 계획대로 실행하면 되겠느냐? 그렇지 않다면 네가 계획을 이야기해 보아라."

후새가 압살롬에게 대답했습니다.

"이번에 아히도벨이 내놓은 계획은 좋지 않습니다. 왕도 아시겠지만 다윗과 다윗의 부하들은 강한 용사인 데다 지금은 새끼를 빼앗긴 곰처럼 단단히 화가 나 있습니다. 또 다윗은 노련한 군인 출신이라 밤에 자기 부하들과 함께 머물지 않을 것입니다. 아마 지금 동굴이나 다른 곳에 몸을 숨기고 있겠지요. 만일 다윗의 공격을 받아 우리 쪽 사람들 몇 명이 먼저 죽기라도 한다면 '압살롬을 따르던 사람 가운데 죽은

「다말과 압살롬」
프랑스 화가 카바넬의 작품이다. 다윗과 마아가 사이에는 압살롬 외에도 다말이라는 딸이 있었다. 다말이 다윗의 또 다른 아들 암논에게 희롱당하자 압살롬이 복수한다. 「사무엘 하」 13장의 이야기다. 오르세 미술관 소장

사람이 있다.'라는 소문이 삽시간에 퍼질 것입니다. 그렇게 되면 제아무리 사자의 심장을 가진 용사라도 용기를 잃고 두려움에 떨 것입니다. 이스라엘 사람들은 누구나 다윗이 위대한 용사라는 사실을 잘 알고 있습니다. 다윗을 따르는 자들도 용감한 자들이라는 것을 잊지 마십시오.

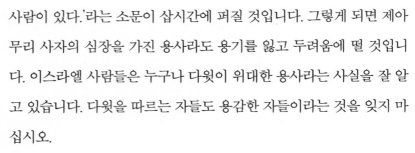

압살롬 기념비
'압살롬 무덤'이라고도 한다. 기드론 골짜기에 위치한다. 바위 위에 조성되어 있고 높이는 약 18m에 이른다.

제가 제안을 하나 하겠습니다. 단에서 브엘세바에 이르기까지 온 이스라엘 사람들을 당신 앞에 불러 모으십시오. 왕께서 바닷가에 있는 모래알같이 모인 이 사람들을 친히 거느리고 행군하십시오. 다윗이 있는 곳이라면 어디로든지 가십시오. 땅 위에 이슬이 덮이듯 다윗을 덮치는 것입니다. 다윗과 다윗을 따르는 자들 모두 한 사람도 남김없이 해치워 버리십시오. 다윗이 어느 성에 있다고 해서 걱정하실 것 없습니다. 이스라엘 사람들이 성을 밧줄로 동여매면 될 일입니다. 사람들은 성을 계곡으로 끌고 가 성터에 돌 하나 남기지 않을 것입니다."

압살롬과 이스라엘 사람들은 "아히도벨의 계획보다 낫다."라며 후새의 계획을 마음에 들어 했어요. 여호와 하나님은 아히도벨의 계획을 무산시켜 압살롬에게 재앙을 내리고자 했습니다.

후새는 압살롬 앞에서 물러나 선지자 사독과 아비아달에게 가서 방금 있었던 일을 말했어요.

"이것이 아히도벨과 제가 압살롬과 이스라엘 지도자들에게 말한 계획입니다. 그러니 지금 빨리 다윗 왕께 사람을 보내 오늘 밤은 광야로 들어가는 길목에 계시면 안 된다고 전해 주십시오. 왕께서는 무슨 수를 써서라도 강을 건너야 합니다. 압살롬이 다윗 왕과 왕의 사람들을 죽일까 두렵습니다."

여종 하나가 엔로겔(En Rogel)에 머물고 있는 요나단과 아히마스에게 성안 소식을 전해 주었습니다. 요나단과 아히마스는 눈에 띄지 않으려고 성안에 드나드는 것을 삼가고 있었지요. 하지만 한 소년이 그들을 보고 압살롬에게 알렸어요. 요나단과 아히마스는 재빨리 바후림(Bahurim)으로 가서 어느 집에 숨었습니다. 집 마당에 우물이 있어 우물 안에 몸을 숨겼지요. 그 집 여인은 우물을 덮고 그 위에 마른 곡식을 펼쳐 놓아 아무것도 보이지 않게 했어요. 압살롬의 종들이 찾아와 물었습니다.

"아히마스와 요나단은 어디에 있느냐?"

여인이 대답했어요.

"그들은 강을 건너갔습니다."

압살롬의 종들은 아히마스와 요나단을 찾지 못하고 예루살렘으로 돌아가야 했습니다.

아히마스와 요나단은 우물 밖으로 나왔어요. 그러고서 다윗을 찾아가 성안 소식을 전했습니다.

"어서 강을 건너십시오. 아히도벨이 다윗 왕을 치려고 계획을 세웠습니다."

다윗은 자기를 따르는 사람들을 이끌고 요단 강을 건넜어요. 동트기 전에 한 사람도 남김없이 강을 건넜지요.

압살롬 기념비 내부
압살롬 기념비는 시리아 왕국 시기에 이스라엘에 들어온 그리스 양식을 하고 있다. 따라서 몇몇 학자들은 기념비가 압살롬 사후에 지어졌을 것이라 추측한다.

"압살롬아, 이 어린것아!"

압살롬과 이스라엘 사람들도 요단 강을 건넜습니다. 그때 다윗은 자기가 거느린 군대의 인원을 헤아리고 있었어요. 다윗은 군인들을 1,000명씩 나누고 다시 100명씩 나누었습니다. 그러고서 각각의 무리마다 지휘관을 세웠지요. 마지막으로 전 군대를 세 부대로 나누었습니다. 한 부대는 요압이, 다른 부대는 아비새가, 나머지 한 부대는 잇대가 맡았어요. 다윗은 백성에게 "나도 반드시 너희와 함께 갈 것이다."라고 말했습니다. 백성이 다윗을 말렸어요.

"왕께서 가시면 안 됩니다. 우리가 만일 패하거나 절반이 죽더라도 압살롬은 별로 신경 쓰지 않을 것입니다. 왕께서는 군인 만 명보다 더 귀하십니다. 그러니 왕께서는 성안에서 저희를 도와주셔야 합니다."

다윗이 고개를 끄덕였습니다.

"너희 말대로 하겠다!"

다윗의 군대가 100명과 1,000명 단위로 행군했어요. 성문 곁에 서 있던 다윗은 요압과 아비새와 잇대에게 당부했지요.

"나를 보아서라도 압살롬 그 어린 것에게 너그럽게 대해 주어라!"

모든 사람이 압살롬에 대한 다윗의 명령을 들었습니다.

다윗의 군대는 이스라엘 사람들과 맞서 싸우기 위해 들판으로 나갔어요. 전투는 에브라임 숲에서 벌어졌습니다. 이스라

요압, 아비새, 아사헬
형제인 이들은 다윗을 위해 싸운 용사들이다. 요압은 다윗의 군대 장관이다. 아사헬은 이스보셋의 군대 지휘관 아브넬에게 살해당해 여기서 등장하지 않는다.

상수리나무에 머리가 걸린
압살롬
「신명기」 21장 23절에 따르면, 나무
에 달린 사람은 하나님이 저주한
사람이다.

엘의 군인들은 다윗의 군대에 패배했지요. 그날 죽은 사람만 해도 2만
명에 이르렀습니다. 전투는 온 땅으로 퍼져 나갔어요. 칼에 맞아 죽은
사람보다 숲 속에서 죽은 사람이 더 많았지요.

　한번은 압살롬이 다윗의 군인들과 마주친 일이 있었습니다. 압살롬
이 노새를 탄 채 이동하고 있었어요. 큰 상수리나무 아래를 지날 때 그
의 머리가 나뭇가지 사이에 걸렸습니다. 가지에 걸린 압살롬은 꼼짝
없이 공중에 매달렸고 노새는 달아나 버렸지요. 한 사람이 이 모습을
보고 요압에게 고했습니다.

　"압살롬이 상수리나무에 걸려 공중에 매달려 있습니다."

　요압이 깜짝 놀라 답했지요.

　"압살롬을 보았다고? 왜 압살롬을 쳐서 땅에 떨어뜨리지 않고 그냥
왔느냐? 그랬다면 내가 은 열 개와 띠 하나를 주었을 것이다."

　"제 손으로 왕의 아들을 해칠 수는 없습니다. 제게 은 1,000개를 주

신다고 해도 마찬가지입니다. 다윗 왕이 당신과 아비새 장군과 잇대 장군에게 '저 어린 압살롬에게 너그럽게 대해라.'라고 명령하신 것을 저희 모두가 들었습니다. 이스라엘의 왕 앞에서 숨길 수 있는 것은 아무것도 없습니다. 게다가 제가 압살롬을 해치면 당신마저 저를 외면하실 겁니다."

"여기서 너와 이러고 있을 때가 아니다."

요압은 창 세 개를 들고 나가 상수리나무에 매달려 있는 압살롬의 심장을 찔렀습니다. 그러고서 흑인 노예에게 말했어요.

"이스라엘의 왕에게 가서 네가 본 것을 전해라."

흑인 노예는 요압에게 절하고 바로 달려갔습니다.

다윗은 두 성문 사이에 앉아 있었어요. 그때 흑인 노예가 오더니 왕에게 말했습니다.

"왕이시여, 좋은 소식이 있습니다. 여호와 하나님께서 오늘 왕에게 반역한 자들을 모두 벌하셨습니다."

다윗이 다급히 물었어요.

"어린 압살롬은 무사한가?"

"왕에게 반역한 원수들은 모두 그 어린 압살롬처럼 되길 바랍니다!"

다윗은 압살롬이 죽었다는 소식을 듣고 가슴이 찢어지는 듯했습니다. 다윗은 성문 위에 있는 방으로 들어가 울부짖었어요.

"내 아들 압살롬아. 내 아들, 오 내 아들 압살롬아! 차라리 내가 죽을 것을. 압살롬아, 아들아, 내 아들아!"

다윗이 아들의 죽음에 매우 슬퍼한다는 소식이 요압의 귀에도 들어갔습니다.

「압살롬의 죽음」
시에나 대성당의 대리석 바닥에 그려진 작품이다. 「사무엘 하」 18장 18절은 압살롬 기념비의 유래를 전한다. "압살롬이 살았을 때 자기를 위해 한 비석을 세웠으니, 이는 그가 자기 이름을 전할 아들이 없다고 말했음이더라."

ABSALON·VIDI·PENDER·PECHAPELLI·POI·CHE·FEDO·LACHAMERA·PATERNA·ET·VCTO·ER·AFILCATO·DIQVADRELLI·

"다윗 왕이 압살롬의 죽음으로 몹시 애통해 하고 있습니다."

다윗이 아들 때문에 슬퍼한다는 소식은 승리의 환호를 애도로 바꾸
었습니다. 승리한 사람들은 전쟁에서 남몰래 도망치는 사람처럼 성으
로 슬그머니 들어왔어요. 다윗 왕은 얼굴을 가리고 목 놓아 크게 울었
습니다.

"내 아들 압살롬아, 압살롬아. 내 아들아, 내 아들아!"

고대 이스라엘 사람들은 가까운 사람이 죽었을 때 슬픔을 어떻게 표현했을까요?

이스라엘인들은 초상이 나면 바로 소리 높여 곡(哭)을 했어요. 이웃들은 곡을 통해 슬픈 소식을 접하고 찾아가 함께 곡을 했지요. 이스라엘인들은 이 과정을 통해 같은 형제요 민족이라는 의식을 가졌습니다. 이처럼 죽은 사람을 위해 슬피 우는 '애곡(哀哭)'을 이스라엘인들은 죽은 사람에 대한 예의로 생각했어요. 나중에는 직업적으로 우는 '울음꾼(애곡하는 여인들)'이 생겨나기도 했지요. 애곡이 발전하여 운율을 가미한 '애가(哀歌)', 곧 장송곡도 만들어졌습니다. 다윗도 사울과 친구 요나단이 죽었을 때 애가를 지어 부르기도 했어요. 또한 이스라엘인은 가까운 사람이 죽은 슬픔을 표현하기 위해 자신이 입고 있던 옷을 찢고, 거칠고 굵은 베옷을 입으며, 머리를 먼지 속에 처박거나 재를 뒤집어쓰기도 했습니다. 이스라엘의 장례 기간은 보통 7일이에요. 사람이 마지막 숨을 거두면 주변 사람들은 시신의 눈을 감깁니다. 그런 후에 깨끗이 씻긴 시신에 수의를 입히고, 향유를 바른 후 마지막 휴식처인 무덤으로 시신을 옮겼어요. 이 모든 과정이 율법에 따라 사람이 죽은 날에 모두 이루어졌답니다. 시신을 하루 안에 매장하는 풍습은 더운 이스라엘 지방에서 시체가 부패하는 것을 방지하기 위해서예요. 장례 기간인 7일간 가족들은 집에 촛불을 켜 놓고 있었습니다. 가까운 친구들과 친지들은 가족을 방문해 위로했지요. 장례 기간 동안 가족들은 이발이나 목욕, 화장, 율법 공부 등을 할 수 없었습니다.

야곱의 죽음

3 왕국의 전성기를 누리다 | 솔로몬 왕

성경에서 '지혜'의 상징이라고 하면 솔로몬 왕이 바로 떠오릅니다. 지혜의 왕 솔로몬은 하나님이 베풀어 준 온갖 영광을 누리지요. 하나님의 성전과 자신의 궁궐을 짓고 동서고금 모든 나라의 꿈인 부국강병도 이루었어요. 20세기에 대한민국이 강대국들 사이에서 우뚝 성장한 것처럼 당시 이스라엘도 강성한 제국들 사이에서 젊고 패기 넘치는 왕국으로 성장하지요. 이웃 나라들이 부러워할 정도였답니다. 하지만 솔로몬도 말년에 실수를 저지르고 말아요. 하나님만 따르지 않고 이방 신도 겸사겸사 섬겼던 것이지요. 그리하여 솔로몬의 화려한 인생도 내리막길을 향하게 됩니다.

- 듣는 마음을 종에게 주사, 주의 백성을 재판해 선악을 분별하게 하옵소서. (『열왕기 상』 3:9)

- 산 아이를 둘로 나누어 반은 이 여자에게 주고 반은 저 여자에게 주어라. (『열왕기 상』 3:25)

- 내가 참으로 주가 계실 성전을 건축했사오니, 주께서 영원히 계실 처소로소이다. (『열왕기 상』 8:13)

- 이제 와서 친히 본즉 내가 들은 것은 절반도 못 되니 당신의 지혜와 복이 내가 들은 소문보다 더하도다. (『열왕기 상』 10:7)

솔로몬 성전 단면도

솔로몬이 이스라엘의 왕이 되다

다윗은 나이가 많이 들었습니다. 다윗의 아들 아도니야(Adonijah)는 자신이 왕이 될 것으로 생각했어요. 그래서 전차와 기마병을 준비하고 호위병 50명을 거느리고 다녔지요. 다윗은 왜 그러느냐고 한 번도 묻지 않았습니다. 아도니야는 압살롬 다음에 태어난 아들로 용모가 준수했어요. 아도니야는 요압과 선지자 아비아달을 포섭해 자신을 돕게 했지요. 하지만 제사장 사독과 선지자 나단과 브나야(Benaiah), 시므이(Shimei)와 레이(Rei), 다윗의 용사들은 아도니야를 따르지 않았습니다.

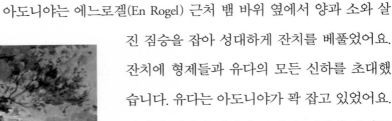

아도니야는 에느로겔(En Rogel) 근처 뱀 바위 옆에서 양과 소와 살진 짐승을 잡아 성대하게 잔치를 베풀었어요. 잔치에 형제들과 유다의 모든 신하를 초대했습니다. 유다는 아도니야가 꽉 잡고 있었어요. 하지만 선지자 나단과 브나야, 다윗의 용사들과 형제 솔로몬은 초대하지 않았습니다.

나단이 솔로몬의 어머니인 밧세바에게 물었어요.

"아도니야가 다윗 왕 모르게 왕이 되려 한다는 소식을 듣지 못하셨습니까? 제가 당신과 솔로몬의 생명을 구하는 방법을 알려 드리겠습니다. 바로 다윗 왕에게 가서 이렇게 말하십시오. '왕이시여, 당신께서 당신 아들 솔로몬을 후계자로 삼겠다고 약속하지 않으셨습니까?

아비삭
아비삭은 다윗의 아내도 첩도 아니었지만 다윗이 죽을 때까지 다윗 곁을 지켰다. 「열왕기 상」 2장에서 다윗이 죽은 후 아도니야가 아비삭을 요구했다가 혼쭐이 난다.

그런데도 아도니야가 지금 왕이 되려 하고 있습니다.' 저도 뒤따라 들어가 왕께 한 말씀 올리겠습니다."

밧세바는 다윗의 침실에 들어갔습니다. 다윗 왕은 너무 늙어서 수넴 사람 **아비삭**(Abishag)의 시중을 받고 있었어요. 다윗이 "무슨 일이오?"라고 묻자 밧세바가 대답했습니다.

"당신은 제 아들 솔로몬을 후계자로 삼겠다고 여호와 하나님의 이름으로 제게 약속하셨습니다. 하지만 왕이시여, 지금 아도니야가 당신이 모르는 사이에 왕이 되려 하고 있습니다. 이제 이스라엘 사람들이 모두 보고 있으니 누가 당신의 뒤를 잇게 될지 말씀해 주십시오. 당신이 말씀해 주시지 않는다면 당신이 죽었을 때 저와 솔로몬은 반역

「다윗에게 호소하는 밧세바」 네덜란드 화가 호버르트 플링크의 작품이다. 이스라엘 문화에서 장자는 상속을 받는 데 유리했다. 하지만 꼭 장자가 왕위를 이어받았던 것은 아니다.

기혼 샘
예루살렘 기드론 골짜기에 있는
길이가 525m에 이르는 샘이다. 수
천 년 전부터 예루살렘의 수원지
였다. 현재에도 물이 흐른다.

자로 몰려 죽게 될 것입니다."

밧세바가 다윗에게 이야기하는 동안 선지자 나단이 들어왔어요. 신하들이 다윗 왕에게 "선지자 나단이 왔습니다."라고 알렸지요. 나단은 다윗 앞에 나아가 엎드려 절한 후 말했습니다.

"왕이시여, 당신이 아도니야를 후계자로 삼겠다고 말씀하신 적이 있습니까? 아도니야가 오늘 소와 살진 짐승과 양을 잡아 잔치를 베풀고, 당신의 아들과 군대의 지휘관들과 제사장 아비아달을 초대했습니다. 초대된 사람들은 먹고 마시며 아도니야 앞에서 '새 왕 아도니야 만세!'라고 외쳤다고 합니다. 하지만 당신의 종인 저와 사독과 브나야는 초대받지 못했습니다. 당신의 아들 솔로몬도 초대받지 못했습니다. 왕이시여, 당신이 이리 지시하셨다면 후계자가 누군지 왜 당신의 신하들에게 알리지 않으셨습니까?"

다윗은 나단의 말을 듣고 "밧세바를 이리 오라고 해라."라고 명령했어요. 밧세바가 들어와 다윗 앞에 서자 다윗이 맹세했습니다.

"나를 모든 고난에서 구해 주신 살아 계신 여호와를 두고 맹세하겠소. 내가 여호와, 이스라엘의 하나님 이름으로 약속하겠소. 그대의 아들 솔로몬을 내 후계자로 삼을 것이오. 오늘 바로 시행하겠소."

밧세바는 엎드려 절하며 말했어요.

"나의 주인이시여, 만수무강하시길 바랍니다."

다윗이 말했습니다.

"제사장 사독, 선지자 나단, 여호야다의 아들 브나야를 불러오너라."

사독과 나단과 브나야가 오자 다윗이 명령했어요.

"너희는 내 신하들을 데려가라. 내 아들 솔로몬을 내 노새에 태워 기혼(Gihon)으로 내려가거라. 제사장 사독과 선지자 나단은 기혼에서 솔로몬을 이스라엘의 왕으로 세우고 나팔을 불며 '솔로몬 왕 만세!'라고 외쳐라. 그런 다음 솔로몬을 따라 올라가 솔로몬을 내 왕좌에 앉혀라. 그 아이가 나를 이어 왕이 될 것이다. 나는 온 이스라엘과 유다의 왕으로 솔로몬을 임명한다."

브나야가 다윗 왕에게 말했습니다.

"왕의 뜻대로 되길 원합니다! 여호와 하나님께서 당신의 맹세를 승인하시길 바랍니다. 여호와 하나님께서 당신과 함께하셨던 것처럼 솔로몬과 함께하시길 빕니다. 솔로몬의 왕좌가 다윗의 왕좌보다 더 높

「브나야」
영국 화가 윌리엄 에티의 작품이다. 브나야는 다윗의 호위대장이다. 이후 솔로몬 군대의 장관으로서 왕의 정적들을 많이 숙청했다.

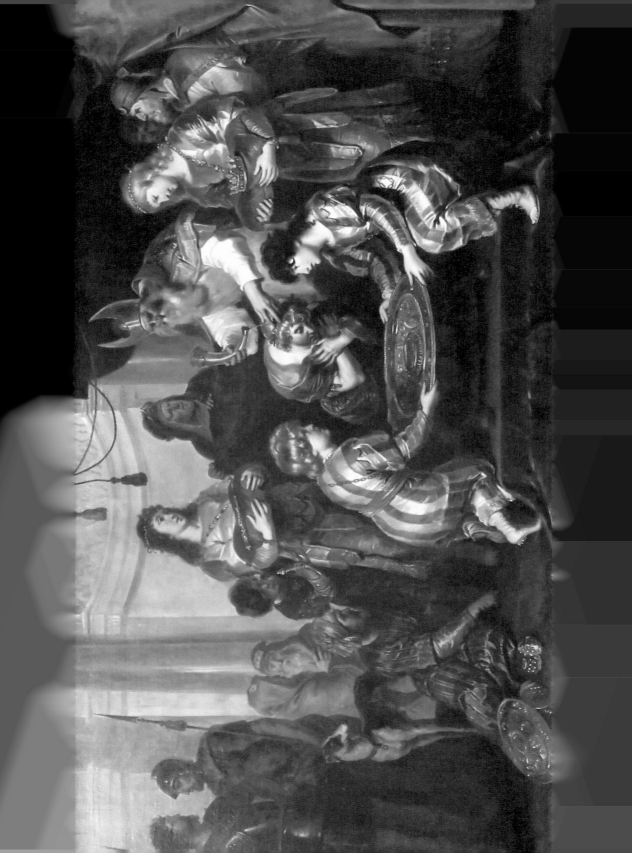

아지길 간절히 원합니다!"

사독과 나단과 브나야는 블레셋의 호위병들과 함께 내려가서 솔로몬을 다윗의 노새에 태워 기혼으로 데려갔어요. 제사장 사독은 장막에서 기름을 넣은 뿔을 가지고 와서 솔로몬의 머리에 부었습니다. 그러자 백성이 모두 나팔을 불며 "솔로몬 왕 만세!"라고 외쳤지요. 사람들이 모두 솔로몬을 따르며 피리를 불고 크게 소리치면서 기뻐했습니다. 사람들이 기뻐하는 소리에 땅이 흔들리는 것 같았지요.

아도니야와 아도니야가 초대한 손님들은 식사를 마쳤을 때 이 환호성을 들었습니다. 모두가 겁을 먹고 자리를 떴어요. 아도니야는 솔로몬이 두려워 제단에 있던 뿔을 붙잡았습니다. 이 모습을 본 사람들이 솔로몬에게 고했지요.

"보십시오. 아도니야가 당신을 두려워해 제단에 있는 뿔을 붙잡고 말합니다. '솔로몬 왕께서 당신의 종 아도니야를 칼로 쳐 죽이지 않겠다고 약속해 주십시오.'"

솔로몬이 말했습니다.

"만일 아도니야가 충직하다면 그의 머리카락 하나도 땅에 떨어지지 않을 것이다. 하지만 조금이라도 배반의 기미를 보인다면 바로 죽일 것이다."

솔로몬은 제단에 있는 아도니야를 데려오도록 했어요. 아도니야는 솔로몬의 발 앞에 나아가 엎드렸습니다. 솔로몬이 아도니야에게 "네 집으로 돌아가거라."라고 말했지요.

그 후 다윗은 세상을 떠났고 다윗의 성에 묻혔습니다. 다윗이 이스라엘을 다스린 지 40년이 되던 해였어요.

'지혜의 왕' 솔로몬의 맹활약

솔로몬은 예배를 드리러 기브온(Gibeon)에 갔습니다. 기브온에 있는 가장 유명한 산당에서 번제물로 짐승 1,000마리를 바쳤지요.

산당
예루살렘 성전이 세워지기 전에 제의 활동을 했던 장소다. '바모트'라고 한다.

솔로몬이 여전히 기브온에 머무르고 있을 때였어요. 어느 날 밤, 솔로몬의 꿈에 여호와 하나님이 나타나 말했습니다.

"네가 원하는 것을 내게 구하라."

솔로몬이 말했지요.

"하나님께서는 당신의 종인 제 아버지 다윗에게 큰 은혜를 베푸셨습니다. 오, 여호와 하나님이시여, 이제는 아버지 다윗의 자리에 이 종을 왕으로 세워 주셨습니다. 저는 아직 어려 어떻게 처신해야 할지 잘 모릅니다. 그러니 제게 당신의 백성을 다스릴 수 있는 지혜로운 마음을 주십시오. 무엇이 선이고 무엇이 악인지 분명히 알 수 있길 원합니다. 지혜로운 마음이 없다면 어찌 이 많은 백성을 다스리겠습니까?"

여호와 하나님은 솔로몬이 지혜로운 마음을 구하자 기뻐했습니다. 하나님은 솔로몬에게 말했어요.

"너는 자신을 위해 긴 수명을 구하거나 원수의 목숨을 요구할 수 있었다. 하지만 너는 무엇이 옳은지 판단할 수 있는 지혜를 구했으니 내가 너에게 지혜로운 마음을 주겠다. 또한 네가 구하지 않은 부와 명예까지 주겠다."

잠에서 깨어난 솔로몬은 모두 꿈이었다는 사실을 깨달았습니다. 솔로몬은 예루살렘으로 돌아갔어요.

하루는 두 여자가 와서 솔로몬 앞에 섰습니다. 한 여자가 말했어요.

"오, 저의 왕이시여. 이 여자와 저는 같은 집에 살고 있습니다. 제가

REI SALAMON

「　　　　 왕」

가 페드로 베루게테의 작품이다. 고대 이스라엘의 3대 왕인 솔로몬은 성전을 건설해 이를 이스라엘 민족의 정신적 성소
페니게 등과의 통상을 장려하고 조선소 등을 설치해 부를 축적했다. 기존의 부족제를 무시하고 전국을 12개의 행정 구역
파견했다. 솔로몬 치하에서 이스라엘은 대내외적으로 '솔로몬의 영화'라고 불리는 전성기를 누렸다.

「솔로몬의 재판」
프랑스 화가 발랑탱 드 불로뉴의
작품이다. 「열왕기 상」 3장 16~28
절에 따르면 두 여자의 직업은 창
기다. 이스라엘 율법은 매음을 금
지했지만 매음은 공공연하게 행해
졌다.
루브르 박물관 소장

아이를 낳을 때 저 여자도 함께 있었지요. 3일 후 저 여자도 아이를 낳
았습니다. 집에는 우리 둘뿐이었어요. 그런데 저 여자는 자다가 자기
아이를 깔아뭉개 죽이고 말았습니다.

　한밤중이 되자 저 여자는 제가 깊이 잠들어 있는 틈을 타 제 아이를
자기 품에 안고 죽은 자신의 아이를 제 옆에 두었습니다. 제가 아이를
돌보려고 새벽에 일어났는데 아이가 죽어 있지 않겠어요! 날이 밝은
후 얼굴을 자세히 보니 제 아이가 아니었습니다."

　첫 번째 여인의 말이 끝나자마자 다른 여인이 말했습니다.

"아닙니다. 살아 있는 아이가 바로 제 아이예요. 죽은 아이가 저 여자의 아이입니다."

두 여자는 솔로몬 앞에서 다투었어요. 솔로몬이 말했습니다.

"한 사람은 '살아 있는 아이가 내 아이고, 저 여자의 아이는 죽었다.'라고 하고 다른 사람은 '아니다. 저 여자의 아이가 죽었고, 내 아이는 살아 있다.'라고 말하니 어쩌겠느냐? 칼을 가지고 오너라."

신하들은 칼을 가져왔어요. 솔로몬이 말했지요.

"살아 있는 아이를 칼로 반을 잘라 한쪽은 이 여인에게, 다른 쪽은 저 여인에게 각각 나누어 주도록 해라."

살아 있는 아이의 진짜 어머니는 얼굴이 백지장처럼 창백해져 솔로몬에게 애원했습니다.

"오, 왕이시여. 아이를 저 여자에게 주십시오. 아이를 제발 죽이지 마세요."

하지만 다른 여자는 이렇게 말했어요.

"어차피 내 아이도 안 되고 네 아이도 안 될 테니 차라리 나누어 갖자!"

솔로몬이 말했습니다.

"아이를 죽이지 마라. 아이를 양보한 여인에게 아이를 주어라. 그녀가 아이의 진짜 어머니다."

이스라엘 사람들은 솔로몬이 내린 판결 소식을 들었어요. 솔로몬은 하나님이 준 지혜로 문제를 공정하게 해결했기 때문에 이스라엘 사람들은 솔로몬을 존경했습니다.

솔로몬의 못
베들레헴에 위치한다. 못의 이름은 「전도서」 2장 6절에서 유래한다. "나를 위해 수목을 기르는 삼림에 물을 주기 위해 못들을 팠으며" 「전도서」의 저자는 솔로몬으로 간주된다.

"찬란하다, 솔로몬 성전이여, 하나님의 집이여!"

솔로몬은 이스라엘을 통치한 지 4년째 되던 해에 하나님을 위한 성전을 지었어요. 성전의 길이는 27m, 너비는 9m, 높이는 14m 정도 되었습니다. 성전 본당 앞에 있는 현관은 너비가 9m, 깊이가 5m였지요. 성전 벽에 낸 창은 안쪽은 넓고 바깥쪽은 좁았습니다.

돌은 채석장에서 잘 다듬은 것을 썼기 때문에 막상 성전을 지을 때는 망치, 정 등 연장 소리가 전혀 들리지 않았어요. 솔로몬은 곁방을 만들어 성전 벽을 빙 둘렀습니다. 곁방은 성전의 성소와 지성소(至聖所, 가장 성스러운 곳)를 감쌌지요.

아래층에 있는 곁방으로 들어가는 입구는 성전의 남쪽에 있었습니다. 나사 모양의 층계를 따라 2층으로 올라갈 수 있었고, 2층에서 3층으로 올라가는 길에도 층계가 있었어요. 성전 양옆에는 높이가 2m 정도 되는 방을 각각 지었습니다. 이 방들과 성전은 백향목으로 연결했지요.

성전 벽과 내부는 바닥에서 천장까지 백향목으로 덮었습니다. 그러고서 잣나무 널빤지로 성전 바닥을 깔았어요.

성전 가장 안쪽에는 한쪽 길이가 9m 정도 되는 방을 만들고, 바닥에서 서까래에 이르기까지 백향목 널빤지로 덮어 지성소로 삼았습니다. 지성소 앞에는 길이가 18m인 성소가 있었어요. 백향목 널빤지

그룹
인간 또는 짐승의 얼굴을 하고 날개를 가진 초인적 존재다. 하나님을 보좌하거나 성스러운 장소를 지킨다고 믿어진다. 아래는 영국 시인이자 화가 윌리엄 블레이크의 작품이다. 「에스겔」 10장에 등장하는 그룹을 묘사했다.

가 바닥부터 천장까지 가로막아 지성소와 성소를 나누었습니다. 성전 내부의 백향목 벽에는 호리병 모양과 활짝 핀 꽃 모양을 새겨 넣었어요. 성전 내부는 모두 백향목이라 돌은 하나도 보이지 않았지요. 솔로몬은 지성소에 하나님의 언약궤를 두었습니다.

지성소에는 올리브 나무로 날개 달린 그룹(cherubim, 케루빔) 한 쌍을 만들어 놓았어요. 높이는 5m였습니다.

그룹의 한쪽 날개는 2.5m였고 날개의 한쪽 끝에서 다른 쪽 끝까지는 5m였어요. 솔로몬은 두 그룹을 지성소에 나란히 두었습니다. 한 그룹의 쭉 뻗은 날개가 한쪽 벽에 닿았고, 마찬가지로 다른 그룹의 쭉 뻗

「성전 안에 있는 솔로몬」
프랑스 화가 프랑수아 드 노메의
작품이다. 예루살렘 성전은 총 세
채다. 솔로몬이 지은 것은 제1 성
전이다. 바빌론이 파괴했다.
마르틴 폰 바그너 박물관 소장

은 날개도 다른 쪽 벽에 닿았어요. 벽에 닿지 않은 두 그룹의 날개는 지
성소 중앙에서 맞닿았지요. 솔로몬은 이 두 그룹에 금을 입혔습니다.

솔로몬은 예루살렘에 이스라엘의 지도자들을 불러 모았어요. 시온
에 있는 다윗의 성에서 하나님의 언약궤를 옮겨 오기 위해서였지요.
때는 9월의 가을 축제 기간이었습니다. 이스라엘의 지도자들이 모두
모이자 제사장들은 하나님의 언약궤와 회막과 장막 안에 있던 거룩한
물건들을 모두 옮겼어요. 제사장들은 하나님의 언약궤를 지성소 안,
천사들의 날개 아래에 두었습니다. 궤 안에는 호렙에서 모세가 넣어
둔 돌판 두 개 외에는 아무것도 없었지요. 제사장들이 지성소에서 나

오자 구름이 여호와의 성전을 가득 덮었어요. 주님의 영광이 성전에 가득해 제사장들은 제대로 서 있지도, 일을 계속할 수도 없었지요.

솔로몬은 하나님에게 기도했습니다.

여호와 하나님은 하늘에 태양을 두셨건만
컴컴한 구름 속에 계시겠다고 하셨습니다.
이제 제가 주님께서 계실 만한 높은 성전을 지었으니
이 성전은 주님께서 영원히 계실 집입니다.

「성전을 바치는 솔로몬」
제2 성전은 바벨론으로 끌려간 포로들이 귀환해 지었고 로마가 파괴했다. 제3 성전은 헤롯 대왕이 세웠다. '통곡의 벽'은 제3 성전 서쪽 벽의 잔해다.

솔로몬은 온 이스라엘이 보는 앞에서 여호와 하나님의 제단 앞에 섰어요. 솔로몬은 두 손을 하늘로 뻗고 말했습니다.

"오, 여호와 하나님. 이스라엘의 하나님. 하늘과 땅 어디에도 당신과 같은 신은 없습니다. 주님은 당신을 온 마음으로 섬기는 종들에게 약속을 지켜 주시고 은혜를 베푸십니다. 주님은 제 아버지 다윗에게 한 약속을 지키셔서 약속하신 것을 오늘 이렇게 이루어 주셨습니다.

그러나 하나님, 어찌 하나님께서 땅 위에 인간과 함께 계실 수 있겠습니까? 하늘, 아니 더 높은 하늘에도 감히 주님을 모실 수 없습니다. 하물며 제가 지은 이 작은 성전은 더 말해 무엇하겠습니까?"

솔로몬의 영화에 스바 여왕도 탄복하다

솔로몬은 13년 동안 자신의 궁전을 지었어요. 백성을 재판할 왕좌실도 지었습니다. 이 방이 바로 '재판정'이지요. 솔로몬은 재판정 바닥부터 천장까지 백향목으로 깔았어요.

재판정과 궁전은 멀리 떨어져 있었습니다. 솔로몬은 자신이 머물 궁전도 재판정과 같은 건축 양식으로 지었어요. 아내인 파라오의 딸에게도 이와 같은 궁전을 지어 주었지요. 모든 건축물은 값비싼 돌로 만들었습니다. 정해진 치수에 따라 톱으로 잘 다듬은 돌이었지요.

또 솔로몬은 전차와 기병을 모았습니다. 전차가 1,400대였고 기병은 1만 2,000명에 달했어요. 솔로몬은 전차와 기병을 전차를 두는 성들과 예루살렘에 나누어 배치했습니다. 또한 이스라엘 전 지역에 열두 명의 관리를 파견해 솔로몬 왕가에서 소비할 양식을 거두었지요. 열두 관리들은 한 달씩 돌아가면서 왕가에 양식을 조달했습니다.

스바(Sheba)의 여왕이 솔로몬의 명성을 듣게 되었어요. 여왕은 솔로몬을 시험하기 위해 어려운 문제를 들고 솔로몬을 찾았습니다. 수많은 신하를 거느리고 엄청난 양의 향료와 보석과 금을 낙타에 싣고 예루살렘으로 향했지요. 스바 여왕은 솔로몬을 만나자마자 생각해 왔던 문제들을 모두 물어보았습니다. 솔로몬은 질문에 모두 답했어요. 답하는 데 어려워하는 기색은 전혀 없었지요.

스바 여왕은 솔로몬이 매우 지혜롭다는 것을 알았습니다. 또한 솔로몬이 지은 궁전과 관리들의 집을 보았어요. 식탁에 오른 음식들, 시중드는 종들의 모습과 종들이 입은 옷, 술 시중을 드는 관리들도 보았지요. 여호와의 성전에서 드리는 번제도 보았습니다. 여왕은 이 모든

「솔로몬에게 예물을 바치는
스바 여왕」
스바는 아라비아 반도 남서쪽 가장
자리에 존재했던 나라로 추측한다.
솔로몬이 아카바 만에 새로 건설한
교역 중심지는 스바 대상(大商)들에
게 위협이 되었을 것이다. 따라서
스바의 왕은 이스라엘과 우호적인
관계를 확립할 필요가 있었다.
메트로폴리탄 미술관 소장

것을 보고 대단히 놀라 솔로몬에게 말했어요.

"내 나라에서 들었던 당신의 업적과 지혜에 대한 소문이 사실이군
요. 전에는 그 소문을 믿지 않았습니다. 하지만 이렇게 와서 눈으로 직
접 확인하니 내가 들은 소문은 사실의 절반밖에 안 됩니다. 왕께서 가
진 지혜와 부는 제가 들었던 것보다 훨씬 대단합니다."

한편, 솔로몬은 여자를 좋아해서 많은 이방인 여자와 결혼했습니다.
모압 사람, 가나안 사람, 에돔 사람, 시돈(Sidon) 사람, 헷 사람, 암몬 사
람 등을 후궁으로 맞아들였지요. 솔로몬에게는 자그마치 후궁 700명
과 첩 300명이 있었어요. 여러 해가 지나 솔로몬이 늙자 아내들이 다
른 신을 섬기도록 솔로몬을 꾀어 솔로몬은 여호와 하나님에게 충성

하지 않았습니다. 솔로몬은 예루살렘과 마주 보는 언덕 위에 모압 신 그모스(Chemosh)를 섬기는 신당을 지었어요. 암몬 사람의 신 몰록(Molech)을 섬기는 신당도 지었지요. 또한 이방인 아내들이 하자는 대로 이방 신들에게 향도 피우고 제물도 바쳤습니다.

그러자 하나님은 솔로몬의 적, 엘리아다의 아들 르손(Rezon)을 일으켰어요. 르손은 주인인 소바(Zobah) 왕 하닷에셀(Hadadezer)에게서 도망쳤던 사람이지요. 르손은 사람들을 모아 도적 무리의 우두머리가 되었습니다. 그 후 다메섹(Damascus, 다마쿠스)으로 가서 살다가 다메섹의 왕이 되었답니다. 르손은 솔로몬이 살아 있는 내내 이스라엘

「노년에 이른 솔로몬이 아내들을 따라 우상 숭배에 빠지다」
고대의 성읍, 국가, 부족 등은 정치적 동맹을 위해 결혼을 이용했다. 이들은 자신들의 딸을 유력한 통치자인 솔로몬이나 솔로몬의 아들과 결혼시켜 솔로몬의 보호 아래 들어갔다.

의 적이었지요.

느밧의 아들 **여로보암**(Jeroboam)은 능력이 뛰어난 사람이었습니다. 여로보암의 능력을 높이 산 솔로몬은 여로보암에게 요셉 가문의 모든 일꾼을 감독하는 일을 맡겼어요.

어느 날, 여로보암은 예루살렘을 떠나 다른 곳으로 가게 되었습니다. 여로보암은 실로 사람인 선지자 **아히야**를 길에서 우연히 만나 이야기를 나누게 되었어요. 들에는 두 사람만 있었지요. 새 옷을 입고 있던 아히야는 옷을 열두 조각으로 찢고 여로보암에게 말했습니다.

"열 조각을 가지고 가시오. 이스라엘의

「**여로보암에게 예언하는 아히야**」
여로보암은 솔로몬 왕국의 관료로서 담당 지역의 노동자들을 관리하고 공공 건설을 감독하며 군사를 지휘하는 일을 했다.

하나님 여호와께서 이렇게 말씀하셨소. '내가 솔로몬에게서 왕국을 빼앗아 열 지파를 여로보암에게 주겠다. 솔로몬에게는 다만 한 지파만 남겨 줄 것이다.'"

여로보암은 솔로몬에게 대항해 반역을 일으켰어요.

솔로몬이 여로보암을 죽이려고 해서 여로보암은 애굽으로 도망쳤습니다. 여로보암은 솔로몬이 죽을 때까지 애굽에 머물렀지요.

솔로몬은 얼마나 큰 부를 누렸을까요?

이스라엘 3대 왕인 솔로몬은 「잠언」, 「시편」, 「전도서」 가운데 많은 글을 저술한 '지혜의 왕'으로 널리 알려져 있습니다. 솔로몬의 지혜와 함께 솔로몬이 누린 거대한 부(富) 역시 후대 사람들이 솔로몬에게 관심을 갖는 이유예요. 미국의 광산 기술자 칼 트위첼은 1915 년부터 1950년대까지 중동, 유럽, 남부 아메리카를 탐사했습니다. 이때 솔로몬 시대에 사용했던 것으로 보이는 금광과 채광 기구들을 발견했어요. 그 밖에 많은 고고학자들도 하솔, 므깃도, 벧세메스 등에서 솔로몬 통치기 것으로 보이는 '큰 보물 창고'를 발굴했습니다. 이 지역들은 모두 솔로몬 시대에 교역 중심지였지요. 「열왕기 상」 4장 22~23절은 솔로몬이 누린 번영과 풍요를 '하루에 소비하는 식재료 양'을 통해 보여 줍니다. 이에 따르면 솔로몬은 하루에 잘 빻은 밀가루 30섬과 거친 밀가루 60섬, 살진 소 10마리와 목장 소 20마리와 양 100마리를 소비했다고 해요. 또한 수사슴, 노루, 암사슴, 살진 새도 먹었지요. 「역대 하」 9장 20절은 솔로몬이 마시는 데 쓰는 그릇은 모두 금이었다고 기록하고 있어요. "'레바논 수풀 궁'에 있는 그릇도 모두 순금으로 만든 것이었다."라고도 쓰여 있지요. 이처럼 솔로몬이 누린 부는 우리의 상상을 넘어서는 것이었습니다. 솔로몬이 부유했다는 사실은 이스라엘 왕국 전체가 부유했다는 말이지요. 솔로몬 왕국이 이웃 나라로부터 받는 조공, 관세, 세금만 해도 금으로 수십 톤이 넘었습니다.

에드워드 포인터가 그린
「스바 여왕의 방문」

 6 분열 왕국 시대

 솔로몬이 죽은 후 솔로몬의 아들 르호보암이 왕위에 오릅니다. 이 시기에 이스라엘은 분열돼요. 솔로몬의 부하였던 여로보암이 르호보암에게 반역을 일으켰기 때문이지요. 이스라엘은 르호보암이 다스리는 남 유다와 여로보암이 다스리는 북 이스라엘로 나누어집니다. 남 유다에는 예루살렘을 중심으로 유다 지파와 베냐민 지파가 남았어요. 북 이스라엘에서는 나머지 열 지파가 사마리아를 중심으로 여로보암을 따랐지요.

남 유다와 북 이스라엘은 세월이 흐르면서 관계가 점차 소원해졌습니다. 나중에는 다른 언어를 사용하게 되지요. 한때 두 왕국은 영토를 넓히면서 번영을 누렸습니다. 하지만 메소포타미아 지역에서 일어난 강대국들이 서쪽으로 밀려와 두 왕국의 영화(榮華)는 그리 오래가지 못했어요. 기원전 721년경에는 앗수르 제국이 북 이스라엘과 남 유다를 공격합니다. 이때 북 이스라엘이 앗수르 제국에 멸망당하지요. 기원전 586년에는 바벨론 제국이 예루살렘 성전을 파괴하고 남 유다 사람들을 강제로 자기 나라로 이주시켰습니다.

다윗과 솔로몬이 다스렸던 왕국 시대에는 이스라엘 사람들이 하나님에게 충성했어요. 하지만 이스라엘이 남 유다와 북 이스라엘로 분열된 후에는 이방 신을 섬기는 등 하나님을 충실히 섬기지 않았지요. 혼란한 상황이 계속되자 하나님은 이스라엘 사람들을 깨우쳐 주기 위해 북 이스라엘과 남 유다에 선지자들을 보냅니다.

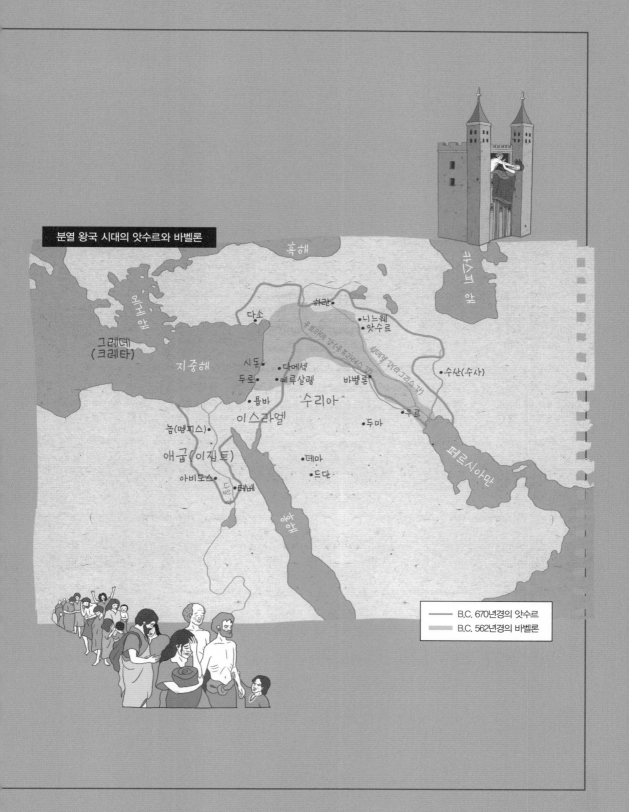

분열 왕국 시대의 앗수르와 바벨론

흑해

카스피 해

그레데
(크레타)

소아시아

하란
다소
니느웨
앗수르
유프라테스 강(유프라테스 강)

지중해

시돈
다메섹
두로
예루살렘
바벨론
티그리스 강(히데겔 강[다 그리스 강])
수산(수사)

욥바
수리아

이스라엘
두마

우르

놉(멤피스)

애굽(이집트)
데마

아비도스
드단

테베
나일 강
홍해

페르시아 만

—— B.C. 670년경의 앗수르
 B.C. 562년경의 바벨론

1 하늘로 올라간 불의 선지자 | 엘리야

솔로몬 왕이 죽은 후 이스라엘은 분열되고 맙니다. 우리나라가 남한과 북한으로 나뉘었듯 이스라엘도 남 유다와 북 이스라엘로 나뉘었어요. 이스라엘은 시간이 갈수록 하나님이 원하던 이상적인 왕국에서 점점 멀어져 갑니다. 엎친 데 덮친 격으로 북 이스라엘 왕은 하나님이 아닌 다른 신, 즉 우상을 섬겼어요. 특히 아합 왕은 왕궁에 이방 신인 바알을 끌어들입니다. 하나님의 민족인 이스라엘 사람들에게 이보다 더한 막장 드라마는 없을 거예요. 하지만 하나님은 이스라엘을 끝까지 포기하지 않았습니다. 하나님은 선지자 엘리야를 이스라엘에 보냈어요. 엘리야는 이스라엘을 바른길로 인도하려고 눈물겨운 싸움을 시작하지요.

- 당신은 하나님의 사람이시요, 당신의 입에 있는 여호와의 말씀이 진실한 줄 아노라. (『열왕기 상』 17:24)
- 나는 여호와의 이름을 부르리니 이에 불로 응답하는 신 그가 하나님이니라. (『열왕기 상』 18:24)
- 이스라엘 가운데에 7,000명을 남기리니, 다 바알에게 무릎을 꿇지 아니하고 입 맞추지 아니한 자니라. (『열왕기 상』 19:18)
- 네가 죽이고 또 빼앗았느냐. 개들이 나봇의 피를 핥은 곳에서 네 피 곧 네 몸의 피도 핥으리라. (『열왕기 상』 21:19)

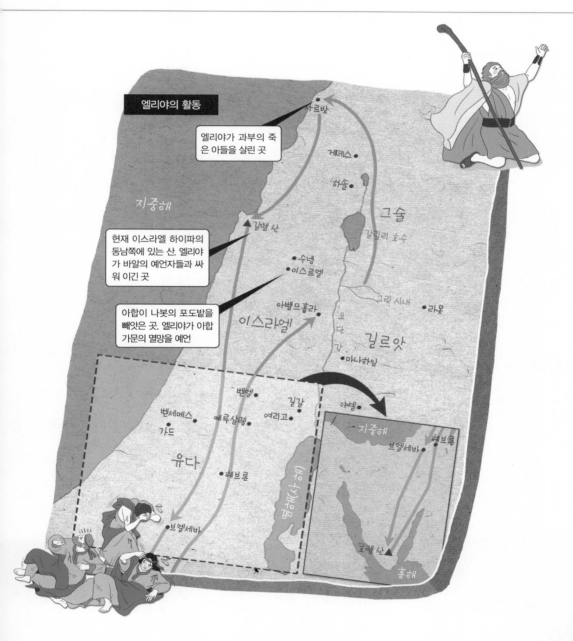

엘리야의 활동

엘리야가 과부의 죽은 아들을 살린 곳

현재 이스라엘 하이파의 동남쪽에 있는 산. 엘리야가 바알의 예언자들과 싸워 이긴 곳

아합이 나봇의 포도밭을 빼앗은 곳. 엘리야가 아합 가문의 멸망을 예언

이스라엘이 둘로 쪼개지다

솔로몬이 죽고 솔로몬의 아들 르호보암(Rehoboam)이 아버지의 뒤를 이어 왕이 되었습니다. 애굽에 있던 여로보암은 솔로몬이 죽었다는 소식을 듣자마자 고향인 에브라임 산지에 있는 스레다(Zeredah)로 돌아왔어요.

한편, 르호보암은 세겜으로 갔습니다. 세겜에는 르호보암을 왕으로 세우기 위해 이스라엘 사람들이 모여 있었지요. 이스라엘 사람들은 르호보암을 왕으로 인정하기 전에 한 가지를 요구했어요.

"당신의 아버지, 솔로몬은 우리에게 무거운 멍에를 씌웠습니다. 이 제 당신이 솔로몬이 우리에게 지웠던 힘겨운 노역을 덜어 주십시오. 그러면 우리가 당신을 섬기겠습니다."

르호보암은 "돌아가서 3일 후에 다시 오너라."라고 말했습니다. 이스라엘 사람들은 자리를 떴어요.

르호보암은 솔로몬을 평생 섬겼던 나이 많은 지도자들에게 조언을 구했습니다.

"사람들에게 무엇이라 답하면 좋을지 조언해 주십시오."

지도자들이 대답했어요.

"백성을 섬기십시오. 호의적인 대답을 주십시오. 그렇게 하시면 백성은 영원히 당신의 종이 될 것입니다."

세겜
예루살렘에서 북쪽으로 67km 정도 떨어진 곳에 위치한다. 그리심 산과 에발 산 사이에 있다. 곡창 지대를 끼고 있고 수자원도 풍부하다. 북 이스라엘의 첫 수도다. 현재 요르단 서안 지역 가운데 가장 큰 아랍인 도시다.

르호보암은 나이 많은 지도자들이 해 준 조언을 듣지 않았습니다. 이번에는 자신과 함께 성장하고 자기를 섬겨 온 젊은 지도자들에게 조언을 구했어요. 르호보암이 젊은 지도자들에게 물었지요.

"내게 '솔로몬이 우리에게 지웠던 힘겨운 노역을 가볍게 해 달라.'라고 말하는 사람들에게 어떻게 답해야 할지 조언해 주시오."

왕과 함께 자란 젊은 지도자들은 이렇게 말했어요.

"왕께서는 이렇게 말씀하십시오. '내 새끼손가락은 내 아버지의 허리보다 굵다! 내 아버지는 너희에게 무거운 멍에를 씌웠지만 나는 더 무거운 멍에를 씌울 것이다. 아버지는 채찍으로 너희를 벌했지만 나는 재앙을 내려 벌하겠다.'"

3일째 되던 날, 이스라엘 사람들이 르호보암에게 다시 왔습니다. 르호보암은 나이 많은 지도자들의 조언을 따르지 않고 젊은 지도자들이 조언한 대로 했어요. 르호보암은 사람들에게 매몰차게 말했습니다.

"내 아버지는 너희에게 무거운 멍에를 씌웠지만 나는 훨씬 더 무거운 멍에를 씌울 것이다. 아버지는 채찍으로 너희를 벌했지만 나는 너희에게 재앙을 내려 벌하겠다."

이스라엘 사람들은 르호보암이 자신들의 요구를 들어주지 않자 화를 내며 돌아섰습니다.

"우리가 다윗과 무슨 관계가 있나? 우리는 이새의 아들 다윗과는 아

무 상관이 없다! 이스라엘아, 집으로 돌아가자. 다윗이여, 이제 당신
의 가족이나 다스려야 할 것이오!"

이스라엘 사람들은 자기 집으로 돌아가고 말았어요.

르호보암은 이스라엘 사람들에게 아도니람(Adoniram)을 보냈습니
다. 아도니람은 강제로 동원된 일꾼을 감독하는 사람이었어요. 사람
들은 돌을 던져 아도니람을 죽였지요. 소식을 들은 르호보암은 서둘
러 자신의 전차를 타고 예루살렘으로 도망쳤습니다. 그때부터 오늘날
까지 이스라엘은 다윗의 집안에 순종하기를 거부하고 있어요.

한편, 이스라엘 사람들은 여로보암이 돌아왔다는 소식을 들었습니
다. 서둘러 사람을 보내 여로보암을 자신들의 모임에 불렀어요. 이스
라엘 사람들은 여로보암을 이스라엘을 다스리는 왕으로 세웠습니다.
하지만 유다 지파만은 여전히 다윗의 집안에 충성했지요.

엘리야가 아합 왕국에 모습을 드러내다

아사(Asa)가 남 유다의 왕이 된 지 31년째 되던 해에 오므리(Omri)가 북 이스라엘의 왕이 되었습니다. 오므리는 12년간 이스라엘을 통치 했지요. 오므리는 세멜(Shemer)에게 은 2달란트를 주고 사마리아 언 덕을 샀습니다. 그 언덕에 성을 쌓고 언덕의 주인이었던 세멜의 이름 을 따 '사마리아(Samaria)'라는 이름을 붙였어요.

　오므리가 죽자 오므리의 아들 아합(Ahab)이 왕이 되었습니다. 아합 은 전에 있던 어떤 왕들보다 여호와 하나님을 노하게 했어요.

「이세벨과 아합에게 찾아온 엘리야」
영국 화가 프레데릭 레이턴의 작 품이다. 북 이스라엘의 수도는 세 겜에서 디르사를 거쳐 사마리아로 바뀌었다. 사마리아 북쪽에는 이스 르엘 골짜기가, 남동쪽으로는 세겜 이 있다.
스카버러 아트 갤러리 소장

시돈 사람 엣바알의 딸 이세벨(Jezebel)과 결혼하고 가나안 신 바알(Baal)에게 예배했지요. 또한 사마리아에 바알 신전을 지어 놓고 신전 안에는 바알 신을 위한 제단을 만들었어요.

길르앗의 디셉(Tishbe) 출신인 **엘리야**(Elijah)가 아합에게 말했습니다.

"제가 섬기는 이스라엘의 하나님, 살아 계신 여호와를 두고 맹세하건대 제가 다시 입을 열기 전에는 몇 년간 비는 물론 이슬 한 방울도 내리지 않을 것입니다."

여호와 하나님이 엘리야에게 전했어요.

「까마귀들에게서 빵을 받아먹는 엘리야」
이탈리아 화가 구에르치노의 작품이다. 까마귀는 바위가 많은 황량한 지역에 서식하는 것으로 알려져 있다.
내셔널 갤러리 소장

"이곳을 떠나 요단 강 동쪽에 있는 그릿(Kerith) 시내 근처에 숨어 있어라. 시냇물을 마셔라. 까마귀를 통해 먹을 것을 보내 주겠다."

엘리야는 여호와 하나님의 명령에 순종해 그릿 시내 근처에 숨어 살았습니다. 까마귀들이 아침에는 빵, 저녁에는 고기를 가져다주었지요. 엘리야는 시냇물을 마셨습니다. 비가 전혀 내리지 않아 시냇물은 얼마 후에 다 말라 버렸어요.

여호와 하나님이 엘리야에게 전했습니다.

"일어나서 시돈 땅 사르밧(Zarepha -th)으로 가서 살아라. 내가 사르밧에 사는 한 과부에게 너를 돌봐 주라고 명령했다."

엘리야는 사르밧으로 갔어요.

엘리야가 성문으로 들어설 때 한 과부가 땔감을 모으고 있었습니다. 엘리야는 과부에게 부탁했어요.

"실례지만 내게 마실 물 한 잔만 가져다주시오."

과부가 물을 가지러 가려 하자 엘리야는 다시 부탁했습니다.

"빵도 조금만 가져다주시오."

과부가 대답했어요.

"살아 계신 당신의 여호와 하나님을 두고 맹세하지만 제게는 빵이 없습니다. 항아리에 밀가루가 한 줌 정도 있고 기름병에 기름이 조금 있을 뿐이에요. 저와 제 아들이 죽기 전에 마지막으로 먹을 음식을 준비하려고 땔감을 모으던 중이었습니다."

"걱정하지 마시오. 집으로 가서 당신이 말한 대로 음식을 준비하면 되오. 하지만 먼저 작은 빵을 구워서 내게 하나 가져오시오. 그런 후에 당신과 당신 아들이 먹을 음식을 만드시오. 이스라엘의 하나님 여호와께서 이렇게 말씀하셨소. '나 여호와가 이 땅에 비를 다시 내릴 때까지 항아리에는 밀가루가 떨어지지 않을 것이고 기름병의 기름도 없어지지 않을 것이다.'"

과부는 엘리야가 말한 대로 했습니다. 엘리야뿐만 아니라 과부와

「엘리야」
스페인 화가 후세페 데 리베라의 작품이다. 엘리야는 기원전 9세기에 활약한 북 이스라엘 왕국의 선지자다. 아합과 아하시야 시대 때 활동했다.
산 마르티노 국립 박물관 소장

「사르밧 과부에게 빵을 받는 엘리야」
이탈리아 화가 조반니 란프란코의 작품이다. 당시 주식은 밀가루로 만든 작고 납작한 과자였다. 기름으로 요리했다.
폴 게티 미술관 소장

과부의 아들도 음식을 넉넉히 먹었어요. 그날 이후 항아리에는 밀가루가 떨어지지 않았고 병에 있는 기름도 마르지 않았습니다. 여호와 하나님의 말이 엘리야를 통해 이루어졌지요.

얼마 후 과부의 아들이 병에 걸렸습니다. 과부의 아들은 병세가 악화되어 결국 숨을 거두고 말았지요. 과부는 엘리야에게 슬픔과 고통에 찬 목소리로 하소연했습니다.

"오, 하나님의 사람이여. 이게 무슨 일입니까? 당신은 왜 오셔서 저의 죄를 일깨우십니까? 제 아들의 목숨을 가져가려고 오셨습니까?"

엘리야가 "아들을 이리 주시오."라고 말했어요. 엘리야는 과부에게서 아들을 받아 안고 자신이 머물던 집 위층으로 올라갔습니다. 방으로 들어간 엘리야는 아들을 자신의 침대에 눕히고, 여호와 하나님에게 간절히 기도를 올렸어요.

"오, 여호와 나의 하나님이시여. 제게 머물 곳을 마련해 준 이 과부에게 왜 이런 재앙을 내리십니까? 왜 과부의 아들을 데려가십니까?"

엘리야는 아이 위에 세 번 엎드리고 다시 기도했습니다.

「엘리야와 과부의 아들」
영국 화가 포드 브라운의 작품이다. 엘리야가 아이 위에 엎드리는 까닭은 접촉한 신체를 통해 생명력을 전달하기 위해서다. 성경에 종종 등장하는 행위다.

"오, 여호와 나의 하나님이시여. 당신께 기도하오니 이 아이를 다시 살려 주십시오."

여호와 하나님은 엘리야의 기도를 들었어요. 아이는 다시 살아났고 자리에서 일어났습니다. 엘리야는 아이를 안고 위층 방에서 내려와 과부에게 아이를 보여 주면서 말했어요.

"보시오. 당신의 아들이 살아났소!"

과부가 눈물을 흘리며 엘리야에게 말했습니다.

"당신이 진정 하나님의 사람이라는 것을 이제야 알겠습니다. 당신이 전해 준 하나님의 말씀은 진실이로군요."

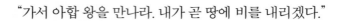

불의 선지자 엘리야

가뭄이 든 지 3년이 지났습니다. 여호와 하나님이 엘리야에게 명령했어요.

"가서 아합 왕을 만나라. 내가 곧 땅에 비를 내리겠다."

엘리야는 아합 왕을 만나러 갔습니다.

사마리아 땅은 가뭄이 너무 심했어요. 아합은 사람을 보내 왕궁을 관리하는 오바댜(Obadiah)를 불렀습니다. 오바댜는 여호와 하나님에게 몸과 마음을 바쳐 충성하는 사람이었지요. 예전에 이세벨이 하나님의 선지자들을 죽이려고 한 일이 있었습니다. 그때 오바댜는 선지자 100명을 동굴에 숨겨 주고, 그들에게 빵과 물을 가져다주었지요. 아합은 도착한 오바댜에게 말했어요.

"이 땅에 있는 샘과 시내를 모두 다 뒤져 보아라. 풀이 있는 곳이 있다면 우리는 말과 노새를 살릴 것이고 짐승들을 더는 잃지 않을 것이다."

오바댜가 길을 가다가 우연히 엘리야를 만났습니다. 오바댜는 엘리야를 알아보고 고개를 숙여 인사했지요.

"당신은 나의 주 엘리야가 아니십니까?"

엘리야가 대답했어요.

"그렇습니다. 가서 당신의 왕에게 엘리야가 여기에 있다고 전하십시오."

"제가 무슨 죄를 지었기에 아합의 손에 저를 죽게 하십니까? 살아 계신 여호와를 두고 맹세하지만 왕이 당신을 찾기 위해 사람을 보내지 않은 땅이 없습니다. 사람들이

바알
우가리트의 고대 도시에서 발견된 석회암 석비. 바알이 번개를 들고 있는 모습이다. 바알은 곡물·과실·가축을 주관한다. 여호와 신앙을 어지럽혔기 때문에 기원전 8세기부터 배척당했다.
루브르 박물관 소장

돌아와서 '엘리야가 없었다.'라고 해도, 왕은 당신을 아무도 보지 못했다고 나라와 왕국에 맹세하도록 했습니다.

당신은 '가서 당신의 왕에게 엘리야가 여기에 있다고 전해라.'라고 하시는군요. 이제 제가 떠나면 여호와의 영이 당신을 아무도 모르는 곳으로 인도할 것입니다. 그렇게 되면 아합에게 가서 당신이 있다고 보고한 저는 어떻게 되겠습니까? 아합은 당신을 찾지 못하면 결국 저를 죽일 것입니다.

저는 어릴 때부터 여호와 하나님께 충성했습니다! 이세벨이 하나님의 선지자들을 죽이려 할 때 제가 선지자 100명을 50명씩 나누어 동굴에 숨기고 빵과 마실 것을 계속 가져다주었습니다. 이 이야기를 들어 보지 않으셨습니까?"

「이세벨」
영국 화가 존 바이엄 리스턴 쇼의 작품이다. 이후 '이세벨'은 백성을 괴롭히는 여왕이나 왕비의 별명이 되었다. 영국의 메리 1세, 러시아의 예카테리나 2세 등이 이세벨로 불렸다.

"내 앞에 서 계신 만군의 여호와 하나님을 두고 맹세하오. 나는 오늘 반드시 아합을 만날 것이오."

오바댜는 아합에게 갔습니다. 아합은 엘리야를 만나러 가서 엘리야를 보고 말했어요.

"이스라엘에 재앙을 가져온 자가 바로 너로구나!"

엘리야가 대답했습니다.

"나는 이스라엘에 재앙을 가져오지 않았소. 오히려 당신과 당신 아

엘리야의 의자
이스라엘 메론에 있는 유명한 바
위다. 유대교도들은 아이를 할례할
때 '엘리야의 의자'에 앉힌다. 엘리
야처럼 하나님과 맺은 언약을 지
키라는 의미다.

버지 집안이 그렇게 했소. 당신은 여호와
하나님의 명령을 따르지 않고 가나안 신들
을 따르지 않았소? 당장 이스라엘 사람들
에게 나를 만나러 갈멜 산으로 오라고 하시
오. 이세벨이 돌봐 주는 바알 신의 선지자
450명도 부르시오."

아합은 온 이스라엘 사람들과 선지자들
을 갈멜 산에 불러 모았어요. 엘리야가 말했습니다.

"여러분은 언제까지 바알과 하나님 사이에서 갈팡질팡할 것이오?
만일 여호와 하나님이 진짜 하나님이라면 하나님을 따르시오. 바알이
하나님이라면 바알을 따르시오."

사람들이 아무 말도 하지 않아 사방이 잠잠했어요. 엘리야가 이 모
습을 보고 다시 말했지요.

"하나님의 선지자라고는 여기 나 하나밖에 없소. 바알의 선지자는
450명이나 있습니다. 소 두 마리를 가져오시오. 바알 선지자들에게
소 한 마리를 골라 여러 조각을 낸 후 장작 위에 올려놓게 하시오. 불
은 절대 붙이면 안 됩니다. 나도 소 한 마리를 잡아 손질한 후 장작 위
에 올려놓고 불은 붙이지 않겠소. 이 작업이 모두 끝나면 바알 선지자
당신들은 당신네 신을 부르시오. 나는 여호와 하나님을 부를 것이오.
불을 내리는 신이 바로 진짜 하나님이오."

이스라엘 사람들은 공정한 제안이라고 인정했습니다.

엘리야는 바알 선지자들에게 말했어요.

"당신들 수가 많으니 먼저 소 한 마리를 골라 손질하시오. 그런 후

소에 불을 붙이지 않은 상태에서 당신들의 신에게 불을 내려 달라고
하시오."

바알 선지자들은 소 한 마리를 골라 손질하고 바알 신을 불렀습니
다. 선지자들의 부름은 아침부터 한낮까지 이어졌어요.

"오, 바알 신이여. 우리의 기도를 들으소서."

바알 선지자들은 자신들이 만든 제단 주위를 뛰어다니며 기도했습니
다. 하지만 아무 소리도 들리지 않았고 어떤 대답도 오지 않았지요.

한낮이 되자 엘리야는 바알 선지자들을 조롱하며 말했습니다.

"더 크게 부르시오. 바알은 신이지 않소? 생각에 빠져 있을지도 모
르고 어디에 가 있을지도 모르오. 아니면 여행을 떠났을 수도 있소. 혹
시 자고 있다면 깨워야 하지 않겠소?"

그러자 바알 선지자들은 더 큰 소리로 기도했어요. 또한 관습대로
칼과 창을 가지고 자기 몸을 피가 나도록 찔렀지요. 낮이 지나고 저녁

하이파 항구와 갈멜 산
갈멜 산은 이스라엘 하이파의 동
남쪽에 있는 산이다. 고대부터 신
성한 산으로 여겨졌다. 6세기부터
수행자들이 갈멜 산에 은거했다.
이들의 모임이 갈멜(카르멜) 수도회
로 발전했다.

제사를 드릴 시간이 되어도 바알 선지자들은 미친 듯이 날뛰는 것을 멈추지 않았어요. 하지만 어떤 기척도 어떤 소리도 선지자들의 울부짖음에 답하지 않았지요.

엘리야가 사람들에게 말했습니다.

"이제 내게 오시오."

사람들이 엘리야 곁으로 모이자 엘리야는 무너져 있던 여호와 하나님의 제단을 다시 쌓았어요. 제단 주위에는 작은 도랑을 파고 2부셸 정도 되는 곡식 씨앗을 뿌렸지요. 엘리야는 장작을 쌓고 소를 조각내 장작 위에 올려놓았습니다. 엘리야가 말했어요.

"물이 가득 담긴 항아리를 네 개 가져와 번제물과 장작 위에 물을 부으시오."

사람들이 물을 부었습니다.

"두 번째로 부으시오."

엘리야가 말하자 사람들이 물을 다시 부었어요.

"세 번째로 부으시오."

사람들은 물을 세 번째로 부었습니다. 물이 제단 위를 넘쳐흘러 작은 도랑에까지 가득 찼지요.

저녁 제사를 드릴 때가 되자 선지자 엘리야는 제단 앞에 가까이 갔습니다.

「바알 선지자들을 살해하다」
프랑스 화가 귀스타브 도레의 작품이다. 갈멜 산맥의 산들과 나사렛 부근의 갈릴리 언덕으로부터 떨어지는 물이 바알 선지자들을 죽인 기손 시내로 흘러간다.

"오, 여호와여. 주님은 아브라함의 하나님, 이삭의 하나님, 이스라엘의 하나님이십니다. 오늘 당신이 이스라엘의 하나님이라는 것을 증명해 주십시오. 또한 제가 당신의 종이라는 사실과 당신이 이 모든 일을 명령하셨다는 것을 이스라엘 백성 모두에게 알려 주십시오. 오, 여호와여. 제 기도를 들으소서. 당신이 살아 계신 하나님이고 그들의 마음을 돌이키는 주님이심을 백성이 깨닫게 하소서."

그러자 여호와의 불이 하늘에서 떨어져 번제물과 장작과 돌과 흙을 활활 태웠어요. 작은 도랑에 차 있던 물은 다 말라 없어졌지요. 사람들이 그 광경을 보고 얼굴을 땅에 대고 엎드려 외쳤습니다.

"여호와는 하나님이시다! 하나님이시다!"

엘리야는 사람들에게 명령했어요.

「아합의 전차보다 빨리 달리는 엘리야」
헷 문헌에 따르면 왕의 전차 앞에서 달리는 것은 신이다. 엘리야는 하나님의 대리자로서 아합 앞에서 달리는 것이다.

"바알 선지자들을 붙잡으시오. 한 사람도 도망가면 안 됩니다!"

사람들은 바알 선지자들을 붙잡아서 기손 시내로 데려가 모두 죽였습니다.

엘리야는 아합에게 말했어요.

"이제 가서 먹을 것과 마실 것을 드십시오. 곧 큰 비가 올 것입니다."

아합은 돌아가 먹고 마셨습니다. 엘리야는 갈멜 산 꼭대기로 가서 바닥에 엎드려 몸을 굽히고 얼굴을 두 무릎 사이에 파묻었어요. 그러고서 종에게 말했지요.

"지금 바로 올라가서 바다 쪽을 살펴보아라."

종은 올라가 보고 와서 말했습니다.

"아무것도 보이지 않습니다."

엘리야는 같은 일을 일곱 번이나 되풀이해 종에게 시켰어요.

일곱 번째 보고 온 종이 말했습니다.

"바다 위에 손바닥만 한 작은 구름이 하나 떠 있습니다."

"가서 아합에게 전차를 준비하라고 전해라. 비가 와서 길이 막히기 전에 내려가야 한다고 해라."

잠시 후 하늘에 먹구름이 끼더니 바람이 불기 시작했어요. 그러고는 폭우가 쏟아졌습니다. 엘리야는 하나님이 내린 신성한 힘에 둘러싸여 소매를 걷어붙였어요. 그러고서 이스라엘 입구에 이를 때까지 아합보다 앞서 달렸지요.

하나님의 목소리가 엘리야를 다시 일으키다

아합은 엘리야가 바알 선지자들을 모두 죽였다고 이세벨에게 전했습니다. 이세벨은 분노로 얼굴이 일그러지더니 엘리야에게 전령을 보내 말했어요.

"네가 바알 선지자들을 죽였으니 이제 내가 너를 내일 이맘때까지 죽이리라. 내가 널 죽이지 못하면 신들이 어떤 천벌을 내려도 달게 받겠다."

엘리야는 이세벨이 두려워 도망쳤습니다. 엘리야는 유다의 브엘세바로 갔어요. 브엘세바에 자기 종을 남겨 두고 온종일 광야로 걸어 들어갔지요. 한참을 걷다가 나무를 발견한 엘리야는 나무 아래에 앉아 하나님에게 자신을 죽여 달라고 기도했습니다.

「광야의 엘리야」
고대에는 이스라엘 땅의 남북 경계선을 '단에서 브엘세바까지'라고 표현했다. 최남단인 브엘세바 남쪽 지역에는 사람이 거주하지 않았다. 너무 황량했기 때문이다.
보스턴 미술관 소장

"오, 여호와 하나님. 이제 충분합니다. 제 목숨을 거두어 가십시오. 저는 제 조상들보다 나을 것이 없습니다."

엘리야는 나무 아래에 누워 잠이 들었습니다. 그때 한 천사가 나타나 엘리야를 깨우며 "일어나서 음식을 먹어라."라고 말했어요. 엘리야가 일어나서 보니 머리맡 돌 위에 구운 빵과 물 한 병이 있었지요. 엘리야는 빵과 물을 먹고 마신 후에 다시 자리에 누웠습니다. 하나님의 천사가 다시 와서 엘리야를 깨우며 "일어나서 먹어라. 아직 갈 길이 멀다."라고 말했어요. 엘리야는 일어나 음식을 먹고 힘을 얻었습니다. 그러고는 40일 밤낮을 걸어 하나님의 산인 호렙으로 갔지요.

여호와 하나님이 지나가자 아주 거센 바람이 불어 산을 찢고 하나님 앞에 있던 큰 바위를 쪼갰어요. 하나님은 바람 속에 있지 않았습니다. 바람이 불고 난 후 지진이 일어났어요. 하나님은 지진 속에도 없었지요. 지진이 일어나고 불이 났는데, 불 속에도 하나님은 없었습니다. 불이 난 후 조용히 속삭이는 목소리가 들렸어요. 엘리야가 목소리를 듣고 겉옷으로 얼굴을 가린 채 동굴 어귀로 나갔지요. 엘리야는 하나님의 목소리를 들었습니다.

"엘리야야, 너는 여기에서 무엇을 하고 있느냐?"

엘리야가 대답했어요.

"저는 지금까지 만군의 여호와 하나님께 충성을 다하려고 노력했습니다. 하지만 이스라엘 사람들은 당신을 저버렸습니다. 당신의 제단을 무너뜨리고 당신의 선지자들을 칼로 죽였습니다. 이제 선지자라고는 저 하나밖에 남지 않았습니다. 이제 이스라엘 사람들은 저마저 죽이려고 합니다."

"왔던 길을 되돌아가 다메섹 광야로 가거라. 광야에 도착하면 기름을 부어 하사엘(Hazael)을 아람(Aram)의 왕으로 세워라. 님시의 아들 예후(Jehu)는 이스라엘 왕으로 세워라. 사밧의 아들 엘리사(Elisha)에게도 기름을 부어야 한다. 엘리사는 네 뒤를 이어 선지자가 될 것이다. 하사엘의 칼을 피해 도망치는 사람은 누구든 예후에게 죽을 것이다. 예후의 칼을 피해 도망치는 사람은 누구든 엘리사에게 죽으리라. 또한 나는 이스라엘에 7,000명을 남겨 두었다. 바알에게 한 번도 절한 적 없고 바알의 우상에 입을 맞춘 적도 없는 사람들이다."

엘리사를 부르는 엘리야
소를 잡는 행위에는 축복의 의미가 담겨 있다. 엘리사는 길을 떠나기 전에 축복을 받고 싶었을 것이다.

아람
구약 시대에 지금의 시리아에 세워졌던 왕국으로 수도는 다메섹이다.

엘리야는 곧장 길을 떠나 사밧의 아들 엘리사를 찾았습니다. 엘리사는 열두 쌍의 소가 끄는 쟁기로 밭을 갈고 있었어요. 엘리야는 입고 있던 겉옷을 벗어 엘리사에게 입혀 주었지요. 엘리사는 소를 버려두고 엘리야를 따랐습니다. 엘리사가 말했어요.

"당신을 따라나서기 전에 아버지와 어머니께 작별 인사를 하게 해 주십시오."

"가 보게. 내가 작별 인사를 왜 막겠는가?"

엘리사는 집으로 돌아가서 소 한 쌍을 잡아 제물로 바쳤습니다. 그러고서 소가 메던 나무 멍에로 불을 때 쇠고기 요리를 만들고 사람들에게 이 요리를 나누어 주었어요. 이후 길을 떠난 엘리사는 엘리야를 따르며 섬겼습니다.

「나봇의 포도밭」
영국 화가 제임스 스메담의 작품이다. 고대 이스라엘에서 땅을 소유하는 것은 하나님과 맺은 언약에 대한 선물이었다. 조상 대대로 지파, 씨족, 가문에 토지가 전해 내려오는 것은 언약이 계속되고 있다는 표시였다.

아합 왕이 백성의 땅을 뺏다

이스르엘 사람 나봇(Naboth)은 이스르엘에 포도밭을 가지고 있었습니다. 포도밭은 사마리아를 다스리는 아합의 궁전 옆에 있었어요. 아합은 나봇의 포도밭을 눈여겨보고 있다가 어느 날 나봇을 불러 말했습니다.

"내 정원 옆에 있는 네 포도밭을 과일 정원으로 만들고 싶구나. 내게 그 포도밭을 주면 네게 더 좋은 포도밭을 주겠다. 원한다면 돈으로 값을 치르겠다."

나봇은 아합에게 말했어요.

"조상 대대로 전해 내려온 땅을 왕께 드릴 수는 없습니다. 하나님께서 금하신 일입니다!"

아합은 나봇의 말을 듣고 기분이 언짢았습니다. 궁에 돌아온 아합은 침실에 누워 얼굴을 가리고선 아무것도 먹지 않았어요.

아합의 아내 이세벨이 와서 아합에게 물었습니다.

"무슨 일로 기분이 언짢으시기에 식사도 하지 않으십니까?"

아합이 대답했습니다.

이스르엘
'하나님이 씨를 뿌린다.'라는 의미다. 갈멜 지역에서 24~32km 떨어진 곳에 있다. 이스르엘 골짜기 남동쪽에 모레 산과 길보아 산 사이에 있다.

「나봇이 포도밭을 요구하는 아합의 요구를 거절하다」
미국 화가 토머스 매튜 루크의 작품이다. 이스라엘 사람들은 땅의 궁극적인 소유자를 왕이 아니라 여호와 하나님이라고 생각했다.

"내가 나봇에게 그의 포도밭을 내게 주라고 했소. 돈으로 값을 치르거나 다른 포도밭을 주겠다고 했지. 그런데 그자가 자기 밭을 줄 수 없다고 하지 않겠소?"

"왕께서는 이스라엘을 통치하시는 분이 아니십니까? 어서 일어나먹고 기운 차리십시오. 제가 나봇의 포도밭을 왕께 드리겠습니다."

이세벨은 아합 왕의 이름으로 편지를 쓰고 왕의 도장을 찍었어요. 편지에는 다음과 같이 썼습니다.

"금식일을 선포하고 나봇을 사람들 앞에 세워라. 불량배 둘을 나봇

「나봇의 포도밭을 빼앗아
주겠다고 약속하는 이세벨」
이스라엘 왕국은 주변의 다른 왕
국들보다 덜 전제적이었다. 시돈에
서 시집온 가나안 사람 이세벨은
이스라엘 사람들의 생각에 익숙하
지 않았을 것이다.

앞에 데려다 불량배들이 다음과 같은 말로 나봇에게 죄를 뒤집어씌우게 해라. '네가 하나님과 이스라엘 왕을 모욕했다.' 그런 다음 나봇을 끌어내 돌로 쳐 죽여라."

이세벨은 이 편지를 나봇이 사는 성의 지도자들과 관리들에게 보냈어요.

나봇이 사는 성의 지도자들과 관리들은 이세벨이 편지에 명령한 대로 했습니다. 지도자들과 관리들은 금식일을 선포하고 나봇을 사람들 앞에 세웠어요. 그러고서 불량배 둘을 데려왔지요. 불량배들은 사람들 앞에서 "나봇이 하나님과 이스라엘 왕을 모욕했다."라고 외쳤습니다. 성난 사람들은 나봇을 성 밖으로 끌어내 돌로 쳐 죽였어요. 성의 지도자들과 관리들은 이세벨에게 "나봇이 돌에 맞아 죽었습니다."라고 보고했지요.

이세벨은 나봇이 돌에 맞아 죽었다는 소식을 듣고 아합에게 말했습니다.

"나봇이 죽었습니다. 그자가 왕께 팔지 않았던 포도밭을 가서 차지하십시오."

아합은 나봇의 포도밭으로 가서 포도밭을 차지했어요. 여호와 하나님은 디셉 사람 엘리야에게 명령했습니다.

"가서 사마리아를 다스리고 있는 이스라엘 왕 아합을 만나라. 지금 나봇의 포도밭에 있다. 아합이 나봇의 포도밭을 빼앗았으니 아합에게 내 말을 전해라. '네가 나봇을 죽이고 나봇의 포도밭을 차지했구나! 이 곳에서 개들이 나봇의 피를 핥았지만 이제 너의 피를 핥을 것이다.'"

엘리야는 하나님의 뜻에 따라 아합을 찾아갔어요. 아합은 엘리야를 보더니 "내 원수가 아니냐? 네가 또 나를 찾아왔느냐?" 하며 못마땅한 듯이 이맛살을 찌푸렸지요. 엘리야가 대답했어요.

"그렇소. 여호와 하나님께서 이렇게 말씀하셨습니다. '개들이 이스 르엘에서 이세벨의 시체를 먹을 것이다.'"

아합은 엘리야의 말을 듣더니 자기 옷을 찢고 몸에 베를 걸친 후 아 무것도 먹지 않았습니다.

돌에 맞아 죽는 나봇
이스라엘 사람들은 사람의 몸과 영혼이 분리될 수 없다고 생각했 다. 따라서 죽은 사람의 시체를 매 우 주의 깊게 다뤘다.

재앙을 예언한 미가야

3년간 아람과 이스라엘 사이에 전쟁 없이 평화가 지속되었습니다. 3년째 되던 해에 유다의 왕 **여호사밧**(Jehoshaphat)이 이스라엘 왕을 찾아왔어요. 이스라엘 왕 아합은 신하들에게 이렇게 말했지요.

"길르앗의 라못(Ramoth)은 원래 우리 땅이었다. 아람 왕으로부터 다시 찾아와야 하지 않겠는가?"

아합은 이번에는 여호사밧에게 물었습니다.

"우리와 함께 가서 길르앗의 라못을 공격하겠소?"

여호사밧이 대답했어요.

"함께하겠소. 내 군대가 당신의 군대나 마찬가지요. 내 말들도 당신의 말이나 다름없소. 이제 이 일에 대해 여호와 하나님께 어떻게 생각하시는지 여쭤 봅시다."

아합은 약 400명의 선지자를 모아 놓고 물었습니다.

"내가 길르앗의 라못을 공격해도 되겠느냐? 아니면 하지 말아야 하느냐?"

선지자들이 대답했어요.

"싸우러 가십시오. 여호와 하나님께서 라못을 당신 손에 넘겨주실 것입니다."

그때 여호사밧이 아합에게 물었습니다.

"여호와 하나님께 여쭤 볼 또 다른 선지자는 없소?"

이스라엘 왕 아합이 대답했지요.

"하나님의 뜻을 여쭐 다른 선지자가 있긴 하오. 이믈라의 아들 미가야(Micaiah)요. 하지만 난 미가야가 싫소.

살만에셀 3세
앗수르 왕 살만에셀 3세는 이스라엘과 아람을 위협하고 있었다. 이 당시 근동의 정세다. 아합이 이세벨과 결혼한 것도 앗수르를 막기 위한 국방 외교의 일환이었다.

「여호사밧의 승리」
프랑스 화가 장 푸케의 작품이다.
여호사밧은 남 유다의 4대 왕이다.
이방 신인 아세라 목상을 제거하
고 유다의 모든 성읍에 군대를 배
치하는 등 유다를 개혁한다. 유다
는 여호사밧 시기에 강성해진다.

미가야는 좋은 예언을 해 준 적이 한 번도 없소이다. 늘 불길한 말만
했소.”

“왕이여, 그리 말씀하시면 안 됩니다.”

아합은 결국 신하를 불러 “얼른 가서 이믈라의 아들 미가야를 데려
오너라.”라고 명령했어요. 신하는 미가야에게 가서 충고했지요.

“다른 선지자들은 하나같이 왕께 좋은 말을 했습니다. 당신도 좋은
예언을 들려주십시오.”

「미가야가 아합의 선지자들이 한 예언과 정반대의 예언을 하다」

네덜란드 판화가 카스파 루이켄의 작품이다. 군대 출정 여부에 대해 답하는 것은 고대 근동 선지자들의 중요한 역할이었다. 고대 근동 사람들
은 신이 개입해야 전쟁에서 승리할 수 있다고 생각했다. 따라서 고대 왕들은 선지자를 통해 신의 출정 허락을 받고 나서야 전쟁을 개시했다. 선
지자들은 구체적인 시기, 자세한 전략까지 말해 주었다.

미가야는 거절했어요.

"살아 계신 여호와 하나님을 두고 맹세하오. 나는 하나님이 말씀하신 대로만 말할 것이외다."

미가야는 아합 왕에게 왔습니다. 아합이 물었지요.

"미가야여, 우리가 길르앗에 있는 라못으로 싸우러 가는 것이 좋겠나, 가지 않는 게 좋겠나?"

미가야가 대답했습니다.

"가서 싸워 정복하십시오. 여호와 하나님께서 라못을 당신에게 넘겨주실 것입니다!"

하지만 아합은 미가야를 믿지 않았어요.

"여호와의 이름으로 내게 말할 때는 진실만을 말하라고 누차 경고했거늘, 얼마나 더 말해야 알아듣겠는가?"

"저는 이스라엘 사람들이 주인 없는 양처럼 이 산 저 산에 흩어져 있는 것을 보았습니다. 그때 여호와 하나님께서 이렇게 말씀하셨습니다. '이들에게는 주인이 없다. 모두 고이 집으로 돌려보내라.'"

아합은 여호사밧에게 말했습니다.

"보시오. 좋은 예언은커녕 불길한 말만 한다고 하지 않았소?"

미가야가 계속 말했어요.

"여호와 하나님의 말씀을 들으십시오. 하나님께서 보좌에 앉아 계시고 하늘의 모든 군대가 그분을 호위하고 있었습니다. 하나님께서 말씀하셨습니다. '누가 아합을 속일 것인가? 누가 아합을 길르앗 라못으로 보내 죽일 것인가?' 천사들은 저마다 의견을 내세우며 이렇게 하자 저렇게 하자고 했습니다. 그때 한 천사가 여호와 하나님 앞으로 나아가 '제가 아합을 속이겠습니다.'라고 말했습니다. 하나님께서 어떻게 할 것이냐고 물었습니다. 그 천사는 '제가 가서 아합의 선지자들에게 거짓말을 시키겠습니다.'라고 공언했습니다. 하나님께서 고개를 끄덕이시더니 이렇게 말씀하셨지요. '네가 능히 아합을 속일 것이다. 가서 그렇게 해라.' 이제 아시겠습니까? 하나님께서 당신의 모든 선지자에게 거짓말하는 영을 내렸습니다. 그분은 당신에게 재앙을 내리셨습니다."

선지자 시드기야(Zedekiah)가 앞으로 나오더니 미가야의 뺨을 때렸습니다. 시드기야는 미가야가 오기 전에 다른 선지자들처럼 아합에게 예언했었지요. 시드기야가 미가야에게 따졌어요.

"여호와 하나님께서 네게 말씀하셨다고? 그렇다면 하나님의 영이 내게서 나가 너에게 갔단 소리냐?"

미가야가 대답했습니다.

"네가 숨을 곳을 찾아 이곳저곳으로 떠돌 때 비로소 알게 되리라."

아합이 이 모습을 지켜보더니 명령했어요.

"미가야를 잡아 성의 주인인 아몬(Amon)과 그의 아들인 요아스(Joash)에게 데려가거라. 아몬과 요아스에게 이렇게 전해라. '왕의 명령이다. 미가야를 감옥에 가두고 내가 승리해 돌아올 때까지 죽지 않을 만큼만 먹을 것과 마실

메사 석주
모압 비석이라고도 한다. 고대 모압의 수도였던 요르단 디반에서 발굴되었다. 모압 왕 메사가 아합의 아버지인 오므리를 이기고 승리했다는 내용이 적혀 있다.
루브르 박물관 소장

것을 주어라.'"

이 말을 들은 미가야가 말했어요.

"왕께서 승리하고 돌아오신다면 내가
한 말은 여호와 하나님께서 하신 말씀이
아니오."

이스라엘 왕 아합과 유다 왕 여호사밧은
길르앗에 있는 라못으로 갔습니다. 아합
이 여호사밧에게 말했어요.

"나는 아무도 알아보지 못하게 변장하
고 전투에 나가겠소. 당신은 왕의 옷을 입
으시오."

전투 중 어느 군인이 쏜 화살이 우연하

게 아합을 맞혔습니다. 화살은 갑옷을 뚫고 아합의 몸에 박혔어요. 아
합은 황급히 전차를 끄는 군인에게 말했습니다.

"화살에 맞았다. 전차를 돌려 싸움터에서 벗어나라."

싸움은 점점 더 격렬해졌어요. 아합은 전차 안에서 겨우 버티며 싸
웠습니다. 전차 바닥은 아합의 상처에서 흐른 피로 흥건했지요. 그날
저녁, 아합은 결국 세상을 떠났습니다.

해 질 무렵, 이스라엘 군대 안에서 절망적인 고함이 퍼져 나갔어요.

"고향으로 돌아가라! 자기 집으로 돌아가라! 왕이 죽었다!"

사람들은 아합의 시체를 들고 가서 사마리아에 묻었습니다. 사마리
아의 연못에서 아합이 탔던 전차를 씻을 때 개들이 와서 아합의 피를
핥았어요. 하나님이 말했던 그대로 이루어졌지요.

고대 근동 사람들은 어떤 신을 섬겼을까요?

북 이스라엘의 7대 왕 아합과 그의 아내 이세벨은 바알을 섬겼습니다. 고대 근동에는 이외에도 다양한 신들이 있었어요. 엘(티), 바알, 아세라(Asherah), 아스다롯은 성경의 주요 무대인 가나안의 대표적 신입니다. 엘은 가나안의 최고신이에요. 여호와 하나님처럼 우주 만물을 창조했고 인간에게 호의를 베푼다고 알려졌지요. 실제 성경에서 '엘(el)'이 보통 명사로 쓰이면 이방의 잡신들 가운데 하나를 의미하고, 고유 명사로 쓰일 때에는 여호와 하나님을 가리킨답니다.

바알은 가나안에 정착한 이스라엘 백성이 여호와 하나님을 떠나 가장 많이 숭배했던 신이었어요. 바알은 비와 우레와 다산의 신이지요. 전하는 이야기에 따르면 죽음의 신인 모트(Mot)는 바알을 매우 괴롭혔습니다. 어느 날 모트는 지하 세계로 내려오라고 바알을 초대했어요. 바알을 죽이려는 음모였지요. 바알은 바람과 비를 데리고 지하 세계로 내려갔지만 결국 모트에게 잡혀 지하 세계에 갇히고 말았어요.

바알이 지하에 갇혀 있는 동안 땅에는 심한 가뭄과 기근이 왔답니다. 바알의 누이이자 부인인 전쟁과 사랑의 신 아낫(Anath)이 지하 세계로 내려가 모트를 물리치고 바알을 다시 지상으로 데려왔어요. 지상에는 다시 비가 내리고 풍년이 들었지요. 그때부터 사람들은 비가 오고 풍년이 들면 바알이 지상에 올라왔다고 생각했고, 가뭄과 기근이 들면 모트에게 잡혀갔다고 생각했어요.

아세라는 최고신 엘의 아내입니다. 동시에 모든 가나안 신들의 어머니기도 하지요. 고대 문헌인 '라스 샴라 서판'에 따르면 아세라는 바알을 포함한 70 신의 어머니입니다. '바다의 아세라 부인'으로 불리기도 했어요. 가나안의 모신(母神)인 아세라 숭배의 중심지는 본래 이스라엘 북쪽과 이웃한 베니게(페니키아)였답니다. 아합 왕이 베니게 출신 공주 이세벨과 결혼한 후 아세라 숭배가 북 이스라엘에 크게 확산되었어요.

아스다롯은 가나안의 풍요의 여신입니다. 많은 사람들이 바알, 아세라와 함께 숭배하는 신이었지요. 그 밖에도 가나안 사람들은 여러 신을 받아들이고 숭배했습니다. 암몬 족속의 신이었던 몰록은 어린아이를 희생 제물로 받았고, 모압 신 그모스는 솔로몬이 산당을 만들어 섬긴 신이었으며, 해양 민족인 블레셋 족속의 신 다곤은 사람의 머리와 물고기 몸통을 지닌 곡물의 신이었어요.

가나안 밖 고대 근동 국가인 앗수르와 바벨론에서는 전쟁과 폭풍의 신 벨(Bel)을 섬겼습니다. 외경(성경으로 인정되지는 않았지만 중요한 그리스도교 문서)에 따르면 바벨론은 포로였던 다니엘과 그의 세 친구에게 벨, 즉 마르둑(Marduk)을 섬기도록 강요했어요. 문학과 웅변의 신인 느보(Nebo)는 벨의 아들입니다. 로마인들이 메르쿠리우스(Mercurius)라 부르며 섬기기도 했지요. 그 밖에 죽었다가 다시 살아난 신 담무스(Tammuz)와 로마인들이 베누스(Venus)라 부르던 이슈타르(Ishtar) 등이 유명합니다.

애굽의 가장 오래된 신은 프타(Ptah)예요. 애굽인들은 자연의 힘을 신성하게 여기고, 인간을 신격화했습니다. 오시리스(Osiris)는 동방에서 나일 강으로 이동한 유목민들의 지도자를 신격화한 신이지요. 오시리스의 아내이자 사랑과 생명의 신으로 알려진 이시스(Isis), 오시리스와 이시스의 아들인 호루스(Horus) 등도 숭배했어요. 애굽인들은 호루스가 인간의 육체를 입고 온 것이 애굽 왕 파라오라고 생각했답니다.

호루스 · 오시리스 · 이시스

2 이스라엘을 구한 일등 공신 | 엘리사

하 나님이 보낸 선지자 엘리야의 맹활약에도 불구하고 이스라엘은 하나님에게 돌아올 줄 모릅니다. 이쯤 되면 하나님도 이스라엘을 포기할 만하지요. 하지만 하나님은 엘리사를 선지자로 세워 엘리야의 뒤를 잇습니다. 이스라엘을 향한 하나님의 끝없는 사랑을 보여 주는 대목이지요. '청출어람'이라는 말이 있듯이 엘리사는 스승 엘리야보다 영적인 능력이 더 뛰어났어요. 죽은 사람을 살리는 것은 물론이고 오랜 기근과 외적의 침입으로 다 죽어 가던 이스라엘을 기적적으로 구하기도 하지요. 한편, 우상 숭배를 했던 아합 왕가는 비극적인 최후를 맞이합니다. 이스라엘의 왕좌는 예후가 물려받지요.

- 불 수레와 불 말들이 두 사람을 갈라놓고 엘리야가 회오리바람으로 하늘로 올라가더라. (「열왕기 하」2:11)
- 나아만의 나병이 네게 들어 네 자손에게 미쳐 영원하리라 하니 게하시가 나병이 발해 눈같이 되었더라. (「열왕기 하」5:27)
- 그 시체가 이스르엘 토지에서 거름같이 밭에 있으리니 이것이 이세벨이라고 가리켜 말하지 못하리라. (「열왕기 하」9:37)
- 그들이 악한 길에서 돌이켜 떠난 것을 보시고 하나님이 뜻을 돌이키사 재앙을 내리지 아니하시리라. (「요나」3:10)

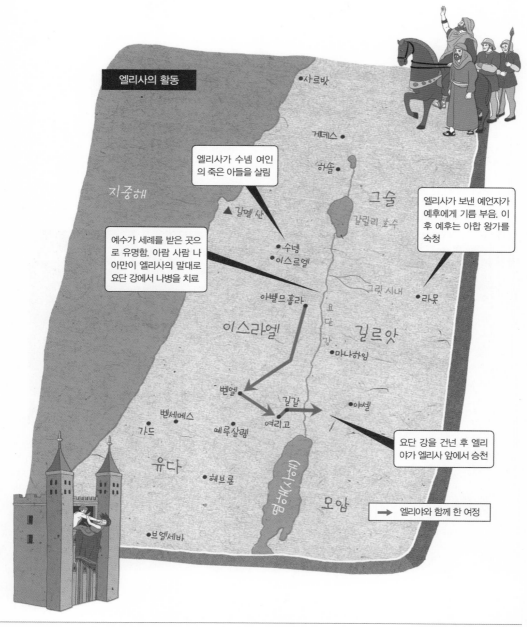

엘리사의 활동

엘리사가 수넴 여인의 죽은 아들을 살림

예수가 세례를 받은 곳으로 유명함. 아람 사람 나아만이 엘리사의 말대로 요단 강에서 나병을 치료

엘리사가 보낸 예언자가 예후에게 기름 부음. 이후 예후는 아합 왕가를 숙청

요단 강을 건넌 후 엘리야가 엘리사 앞에서 승천

→ 엘리야와 함께 한 여정

149

엘리야가 겉옷을 남기고 하늘로 올라가다

엘리야와 엘리사가 길갈에 있을 때였습니다. 엘리야는 하나님이 자신을 하늘로 데려가려는 것을 알았어요. 그래서 엘리사에게 말했지요.

"너는 여기 있어라. 나는 하나님의 뜻에 따라 벧엘로 갈 것이다."

엘리사가 말했습니다.

"스승님을 떠나지 않겠습니다. 살아 계신 여호와 하나님과 살아 계신 스승님을 두고 맹세합니다."

엘리야와 엘리사는 함께 벧엘로 갔어요.

벧엘에 있던 선지자들의 제자들이 엘리사를 찾아왔습니다.

"오늘 여호와 하나님께서 당신의 스승을 데려가실 것입니다. 이 사실을 알고 있습니까?"

엘리야 동굴
이스라엘 북부 갈멜 산 기슭에 있는 동굴이다. 엘리야가 아합과 이세벨의 우상 숭배를 비난하고 숨어 지냈던 곳이라고 전한다.

엘리야의 동굴 내부
엘리야의 동굴 내부에는 작은 제단이 있다. 엘리야의 동굴은 그리스도교, 유대교, 이슬람교의 성지로 여겨진다. 이곳에서는 일 년 내내 순례 행사 등이 열린다.

"알고 있네. 아무 말도 하지 말게." 엘리사가 대답했어요.

엘리야가 또 엘리사에게 말했습니다.

"엘리사야, 너는 여기에 머물러라. 여호와 하나님께서 나를 여리고로 보내실 것이다."

"저는 스승님을 절대 떠나지 않겠습니다. 살아 계신 여호와 하나님과 스승님을 두고 맹세합니다."

엘리야와 엘리사는 여리고로 갔어요.

여리고에 있던 선지자들의 제자들이 엘리사를 찾아와 말했습니다.

"오늘 여호와 하나님께서 당신의 스승을 데리고 가신다는 걸 알고 있습니까?"

"알고 있네. 아무 말 말게." 엘리사가 대답했지요.

엘리야가 말했습니다.

"엘리사야, 너는 여기 있어라. 여호와 하나님께서 나를 요단 강으로

승천하는 엘리야
시에나 대성당 바닥에 그려진 그림이다. 이 당시에 '선지자의 제자들'이라는 선지자 집단이 있었다. 여기에 속한 사람들은 선지자라는 직분을 갖기 위해 특정한 훈련을 받았다.

보내실 것이다."

"저는 스승님을 절대 떠나지 않겠습니다. 살아 계신 여호와 하나님과 스승님을 두고 맹세합니다."

엘리야와 엘리사는 요단 강으로 갔어요.

선지자들의 제자 50명도 엘리야와 엘리사를 따랐습니다. 요단 강까지 따라가 멀찌감치 서서 두 선지자를 바라보았지요. 엘리야는 겉옷을 벗어 둘둘 말더니 강물에 적셨습니다. 그러자 강물이 양 갈래로 갈라졌지요. 엘리야와 엘리사는 강물 사이로 드러난 마른 땅 위를 걸어 강을 건넜어요. 강을 건넌 후 엘리야가 엘리사에게 물었습니다.

"여호와 하나님께서 나를 데려가시기 전에 내가 네게 무엇을 해 주면 좋겠느냐?"

"영적인 능력을 스승님의 두 배로 받고 싶습니다."

"어려운 것을 구하는구나. 여호와 하나님께서 나를 데려가시는 모습을 보아라. 원하는 것을 얻으리라. 보지 못하면 얻지 못할 것이다."

두 선지자가 이야기하며 걸어가고 있는데, 갑자기 불타는 전차와 불타는 말이 나타나 두 선지자를 갈라놓았습니다. 엘리야는 회오리바람을 타고 하늘로 올라갔어요. 엘리사는 매우 슬퍼했지요.

"나의 아버지여, 나의 아버지여! 이스라엘을 이끄는 전차와 기병이었던 분이여!"

엘리사는 엘리야가 더 보이지 않자 입고 있던 옷을 둘로 찢고 엘리야가 벗어 놓았던 겉옷을 주워 들었습니다.

수넴 여인이 죽기 살기로 엘리사를 붙들다

하루는 엘리사가 수넴으로 갔습니다. 수넴에는 한 귀부인이 살고 있었어요. 엘리사는 그 부인의 집을 지날 때마다 들러서 음식을 먹고 갔습니다. 부인은 남편에게 말했어요.

"제가 보니 우리 집 앞을 늘 지나는 분은 하나님의 거룩한 사람이에요. 지붕 위에 방을 하나 마련하고 방에 침대, 책상, 의자, 등잔대를 두면 어떨까요? 그분이 와서 머물 수 있도록 말이에요."

어느 날, 엘리사가 부인이 마련한 방에서 쉬고 있을 때였습니다. 엘리사는 자기 종 게하시(Gehazi)에게 "수넴 여인을 불러오너라."라고 말했어요. 종은 부인을 불렀고 부인은 엘리사 앞에 섰습니다. 엘리사가 게하시를 통해 부인에게 물었어요.

"부인은 나를 대접하기 위해 애를 많이 쓰셨소. 내가 당신에게 무엇을 해 주면 좋겠소? 왕이나 군대 사령관에게 부탁할 것이 있으면 말해 보시오. 내가 잘 말해 주겠소."

부인이 대답했어요.

"아닙니다. 저는 백성과 어울려 잘 살고 있습니다."

부인이 물러나자 엘리사는 게하시에

엘리사

북 이스라엘 왕국의 선지자다. 선지자 엘리야의 제자이자 후계자다. 주로 혼자 활동한 엘리야와는 달리 선지자 집단을 이용해 적극적으로 왕국의 정치에 관여했다.

「엘리사가 자신을 놀린 아이들을 저주하다」
엘리사가 벧엘로 가는 도중에 아이들이 엘리사를 대머리라고 놀린 일이 있었다. 엘리사가 아이들을 저주했더니 암곰이 나와 아이들을 찢어 죽였다. 「열왕기 하」 2장 23~24절의 이야기다.
베를린 국립 회화관 소장

게 물었습니다.

"부인에게 무엇을 해 주면 좋을 것 같으냐?"

게하시가 대답했어요.

"저 여인에게는 아들이 없습니다. 남편도 늙었지요."

엘리사는 부인을 다시 불렀고, 부인은 와서 문간에 섰어요. 엘리사는 부인에게 말했습니다.

"지금으로부터 딱 일 년 후 부인은 팔에 아들을 안고 있을 것입니다."

부인은 깜짝 놀랐어요.

"하나님의 사람이여, 저를 속이지 마세요. 그럴 리가 없습니다!"

다음 해에 부인은 엘리사가 약속했던 대로 팔에 아들 하나를 안았습니다.

아이는 자라서 소년이 되었어요. 어느 날, 소년은 아버지가 있는 곳으로 갔습니다. 소년의 아버지는 곡식을 거두는 사람들과 함께 있었지요. 소년이 아버지 앞에서 갑자기 머리를 부여잡고 "아, 머리! 내 머리!" 하고 소리를 질렀습니다. 놀란 아버지가 "아이를 어머니에게 데려가거라."라고 명령했어요. 종들이 소년을 어머니에게 데려갔지만 소년은 어머니의 무릎 위에 누워 있다가 정오쯤에 죽고 말았습니다. 어머니는 소년을 안고 엘리사가 머물던 방으로 갔어요. 그러고는 소년을 침대 위에 눕히고 문을 닫고 나왔지요.

부인은 남편을 불러 말했습니다.

"종 하나와 나귀 한 마리를 내 주세요. 하나님의 사람에게 금방 갔다 돌아오겠습니다."

남편이 영문을 몰라 물었어요.

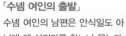

「수넴 여인의 출발」
수넴 여인의 남편은 안식일도 아닌데 왜 선지자를 찾느냐 묻는다. 이스라엘 사람들은 안식일에 신탁을 구하기 위해 선지자를 찾기도 했다.
빅토리아 앨버트 미술관 소장

"부인, 왜 그 사람을 찾으시오? 오늘은 초하루도 아니고 안식일도 아니잖소?"

"그럴 만한 이유가 있습니다."

부인은 나귀 안장에 앉아 종에게 말했습니다.

"최대한 빨리 가자. 내가 말하기 전에는 멈추면 안 된다."

부인은 갈멜 산에 있는 엘리사에게 갔어요. 엘리사는 멀리서 부인이 오는 것을 보고 게하시에게 말했습니다.

"보아라, 수넴 여인이 오고 있다! 달려가 여인을 맞이해라."

엘리사는 게하시를 통해 부인에게 물었어요.

"잘 지내시오? 남편과 아이는 모두 안녕하십니까?"

부인은 "모두 다 잘 있습니다."라고 말했지만 이내 엘리사 앞에 쓰러지더니 엘리사의 발을 꼭 붙잡았습니다. 게하시가 부인을 떼어 놓으려 하자 엘리사가 말렸어요.

「수넴 여인과 엘리사」
네덜란드 화가 헤르브란트 판 덴 에크하우트의 작품이다. 발을 안는 행위에는 자신을 낮춰 애원하는 뜻이 담겨 있다.

"놔두어라. 이 여인이 큰 슬픔에 빠져 있구나. 하나님께서는 아직 그 이유를 내게 말씀해 주지 않으셨다."

부인이 갑자기 슬픔에 북받쳐 원망하는 투로 말했습니다.

"제가 언제 아들을 달라고 했나요? 오히려 속이지 말라고 부탁드리지 않았습니까?"

엘리사가 게하시에게 명령했어요.

"소매를 걷어붙이고 떠날 채비를 해라. 내 지팡이를 들고 당장 떠나야 한다. 가는 길에는 누구와도 이야기하면 안 된다. 누가 말을 걸어도 대답하지 마라. 도착하면 내 지팡이를 아이의 얼굴 위에 놓아라."

하지만 부인은 여전히 엘리사 앞에서 꼼짝도 하지 않았습니다.

"살아 계신 여호와를 두고 맹세하건대 저는 선생님 곁을 떠나지 않겠어요."

「엘리사와 수넴 여인의 아들」 영국 화가 프레데릭 레이턴의 작품이다. 고대 근동의 아카드 주문 문헌을 보면 지팡이는 때때로 마귀를 퇴치하는 데 이용되었다.

「엘리사와 수넴 여인의 아들」
네덜란드 화가 얀 슬라이터르스의
작품이다. 이 이야기의 배경인 수
넴은 이스르엘 골짜기 동쪽 끝에
있는 모레 산에 위치한다.

엘리사는 부인의 청에 못 이겨 부인과 함께 길을 떠났어요. 게하시는 제일 먼저 도착해 지팡이를 소년의 얼굴 위에 올려놓았어요. 하지만 소년이 살아날 기미는 보이지 않았지요. 게하시는 왔던 길을 되돌아가 엘리사에게 "아이가 깨어나지 않습니다."라고 고했어요.

엘리사는 집에 도착해 소년이 누워 있는 방으로 들어갔습니다. 엘리사는 방문을 닫고 여호와 하나님에게 기도를 올렸어요. 또한 소년의 몸 위로 올라가 자기 입을 소년의 입에 맞추고, 자기 눈을 소년의 눈에 맞추고, 자기 손을 소년의 손 위에 두었지요. 엘리사가 소년 위에 올라가자 소년의 몸이 점점 따뜻해졌어요. 엘리사는 침대에서 내려와 집 안을 이리저리 걸어 다녔습니다. 그러고서 다시 소년 위에 올라갔지요. 그때 소년이 재채기를 일곱 번 하더니 눈을 떴습니다. 엘리사는 게하시를 불러 말했어요.

"수넴 여인을 불러라."

부인이 방으로 올라왔을 때 엘리사가 말했습니다.

"아이를 데리고 가시오."

부인은 엘리사의 발 앞에 엎드려 절했어요. 그러고서 소년을 데리고 방에서 나갔습니다.

눈꽃처럼 번진 죄의 표식

아람의 군대 사령관인 나아만(Naaman)은 아람 왕의 총애를 받았습니다. 여호와 하나님은 나아만을 통해 아람이 승리하도록 했어요. 나아만은 뛰어난 능력을 가졌지만 나병 환자기도 했지요.

예전에 아람 사람들이 이스라엘에 도둑질하러 갔다가 어린 소녀를 포로로 잡아 온 적이 있었어요. 소녀는 나아만 아내의 여종이 되었지요. 소녀는 여주인에게 고했어요.

"오, 주인이시여. 사마리아에 있는 선지자를 한번 만나 보십시오. 그 선지자가 주인어른의 병을 고쳐 줄 것입니다."

나아만은 아람 왕에게 가서 이스라엘에서 데려온 여종이 한 이야기를 들려주었습니다. 아람 왕이 기뻐하며 말했어요.

"지금 당장 이스라엘 왕에게 편지를 보내리라."

아람 왕은 편지에 "나의 종 나아만을 보내니 나아만의 병을 고쳐 주시오."라고 썼습니다. 나아만은 편지와 함께 은 10달란트와 금 6,000개와 최상급 옷 열 벌을 준비해 출발했어요. 나아만은 이스라엘 왕에게 편지와 예물을 전해 주었지요. 이스라엘 왕은 편지를 읽더니 기가 막혀 자기 옷을 찢었습니다.

주그마 근처의 유브라데 강
아람 사람들은 기원전 2000년대에 줄곧 유브라데(유프라테스) 강 상류에서 살았다. 유브라데 강과 메소포타미아 평야는 바벨론, 앗수르 문명 등의 발상지다.

"내가 사람을 살리기도 하고 죽이기도 하는 신이란 말이냐? 왜 내게 병을 고쳐 달라 하느냐? 아람 왕이 나와 싸우려고 핑계를 대는구나!"

하나님의 사람 엘리사가 이스라엘 왕이 자기 옷을 찢었다는 소식을 전해 들었어요. 엘리사는 왕에게 사람을 보내 전했습니다.

"왜 옷을 찢으셨습니까? 그 사람을 제게 보내십시오. 이스라엘에 선지자가 있다는 사실을 보여 주십시오."

나아만은 말과 전차를 몰아 이스라엘에 있는 엘리사의 집에 도착했어요. 엘리사가 사람을 보내 나아만에게 일렀지요.

"요단 강으로 가서 일곱 번 씻으시오. 당신 피부가 깨끗해질 것이오."

나아만은 발끈해서 엘리사의 집을 떠났습니다.

"나는 그 선지자가 밖으로 나와 상처에 손을 얹고 여호와 하나님의 이름을 부르며 병을 고쳐 줄 것이라 생각했다. 그자의 말대로라면 다메섹에 있는 아바나(Abana) 강이나 바르발(Pharpar) 강이 이스라엘에 있는 강보다 좋지 않다는 말이냐? 다메섹의 강에서는 깨끗해질 수 없다는 말이냐?"

다메섹
다메섹(다마스쿠스)는 현재 시리아의 수도다. 엘리사 시대에 아람 왕국의 수도였다. 현재 도시 남쪽에 옛 성채. 대사원 등이 밀집되어 있다. 그리스도교, 유대교, 이슬람교의 거주 지역이 있다.

나아만이 발길을 돌리려 하자 나아만의 종들이 다가와 말했어요.

"주인님, 저 선지자가 더 큰일을 하라고 해도 하시지 않았겠습니까? 고작 강물에 씻으라고 했을 뿐입니다. 못 할 것이 뭐 있겠습니까?"

나아만은 마음을 고쳐먹고 엘리사가 말한 대로 요단 강에 일곱 번 들어갔다 나왔습니다. 그러자 나아만의 몸이 어린아이처럼 깨끗해졌어요. 나병이 깨끗하게 나은 것이지요.

나아만은 자기 종들과 함께 엘리사에게 다시 갔습니다. 나아만이 엘리사 앞에 서서 말했어요.

"이 세상에 하나님이 계신 곳은 오직 이스라엘뿐이라는 것을 이제 알았습니다. 제가 드리는 선물을 부디 받아 주십시오."

「나아만의 선물을 거절하는 엘리사」
네덜란드 화가 피터르 프란츠 데 그레버의 작품이다. 고대 사람들은 나병을 신의 벌이라 여겨 나병 환자를 피했다. 나병은 사회적 질병이었다.
프란스 할스 박물관 소장

"나는 아무것도 받지 않겠소. 내 앞에 계신 여호와 하나님을 두고 맹세하오."

나아만이 다시 선물을 받아 달라고 했지만 엘리사는 끝내 거절했습니다. 나아만은 포기하고 말했어요.

"그렇다면 제게 나귀 두 마리에 실을 정도의 흙을 주십시오. 이 시간부터 다른 신이 아닌 오직 여호와 하나님을 위해 번제를 드리고 제물을 바치겠습니다."

"알겠소. 잘 가시오. 그대에게 좋은 일이 있길 바라오."

나아만이 엘리사와 작별한 지 얼마 되지 않았을 때였습니다. 엘리사의 종 게하시는 속으로 생각했어요.

'주인님은 나아만이 가져온 것을 왜 받지 않으셨을까? 살아 계신 여호와 하나님을 두고 맹세하건대 나라도 나아만을 쫓아가 무엇이라도 받아 내야겠다.'

게하시는 나아만을 쫓았습니다. 나아만은 누군가 자기를 뒤쫓아 오는 것을 보고 전차에서 내려 "안녕하시오?" 하고 맞이했어요. 게하시가 말했지요.

"안녕하십니까? 주인님께서 저를 보내 전하라 하셨습니다. 방금 선지자들의 제자들이 에브라임 산지로 왔습니다. 당신이 그들에게 필요한 은 45kg과 좋은 옷 두 벌을 준다면 좋겠다고 말씀하셨습니다."

나아만은 "은을 두 배 가져가시오."라고 말하며 은 90kg을 자루 두 개에 담아 게하시에게 주었습니다. 좋은 옷도 두 벌 주며 자기 종들이 게하시 앞에서 들고 가도록 했지요. 언덕에 이르렀을 때 게하시는 나아만의 종들에게 물건을 받아 집에 들여놓으라 일렀습니다. 일이 끝

나아만에게 흙을 주는 엘리사
이탈리아 화가 조르조 바사리의 「나아만을 씻어 주는 엘리사」다. 연구자들은 나아만이 가지고 간 흙으로 진흙 단을 세울 것이라 추측한다.

나자 종들을 모두 물리쳤지요.

　게하시는 엘리사에게 갔습니다. 게하시가 엘리사 앞에 섰을 때 엘리
사가 말했어요.

　"어디에서 오는 길이냐?"

　게하시가 대답했지요.

　"종은 아무 데도 가지 않았습니다."

　"어떤 사람이 전차에서 내려 너를 맞이할 때 내 영이 너와 함께 있는
것을 몰랐느냐? 너는 돈을 받고 옷을 받았다. 올리브 밭과 포도밭, 양
과 소와 노예도 받았다. 그러므로 나아만의 나병이 너와 네 자손에게
영원히 옮겨 가리라."

　게하시가 엘리사 앞에서 물러나자 나병이 몸에 눈처럼 하얗게 번졌
습니다.

고립된 사마리아 성에서 절규가 터져 나오다

한번은 아람 왕이 이스라엘과 전쟁을 벌였습니다. 전쟁 중에 아람 왕은 "이러이러한 곳에 매복해 있다가 공격해야겠다."라고 신하들에게 말하곤 했어요. 그러면 하나님의 사람 엘리사는 이스라엘 왕에게 사람을 보내 알렸지요.

"조심하십시오. 그곳을 지나지 마십시오. 아람 군대가 매복해 있습니다."

이스라엘 왕은 엘리사가 말해 준 곳에 군인들을 보냈습니다. 엘리사가 이런 식으로 매번 알렸기 때문에 이스라엘은 적의 침입에 미리 대비할 수 있었어요.

아람 왕은 몹시 화가 나서 신하들을 모두 불렀습니다.

"너희 가운데 이스라엘 왕과 내통하는 자가 대체 누구냐?"

신하 한 명이 대답했어요.

"왕이시여, 저희는 아닙니다. 이스라엘 선지자인 엘리사가 왕께서 침실에서 말씀하신 내용을 이스라엘 왕에게 전한다고 합니다."

"당장 엘리사가 어디 있는지 알아보아라. 내가 가서 잡아 오겠다."

"엘리사는 지금 도단에 있습니다."

도단
현재 텔 도단에 위치한다. 상인들과 목자들이 북쪽에 있는 이스르엘 골짜기로 가는 길에 들르는 곳이었다. 주변에 있는 도단 골짜기는 훌륭한 목초지를 제공한다.

아람 왕은 전차와 기병과 많은 군사를 보냈습니다. 밤에 도착한 아람 왕의 군사들은 도단에 있는 성을 에워쌌어요. 엘리사의 종이 아침 일찍 일어나 나가 보니 전차와 기병 부대가 성을 둘러싸고 있었습니다. 종은 엘리사에게 달려가 말했어요.

"아아, 주인님! 어찌하면 좋겠습니까?"

엘리사가 대답했습니다.

"두려워하지 마라. 우리를 위해 싸우는 군사가 저들의 군사보다 많다."

그러고서 엘리사는 기도했어요.

"하나님이시여, 제 종의 눈을 열어 볼 수 있게 해 주십시오."

하나님은 젊은 종의 눈을 열어 주었습니다. 종은 불말과 불전차가 온 산에 가득한 데다 엘리사를 에워싸고 있는 것을 보았어요.

아람 군대가 오는 것을 보고 엘리사는 하나님에게 다시 기도했습니다.

"이자들의 눈을 멀게 하소서."

엘리사의 샘물
여리고에 있는 샘물이다. 엘리사는 예수를 제외하고 가장 많은 이적을 행한 인물이다. 여리고에 머물던 엘리사는 샘물에 소금을 던져 물을 깨끗하게 해 주었다. 「열왕기하」 2장 19～22절의 이야기다.

하나님은 엘리사의 기도대로 아람 군사들의 눈을 멀게 했어요. 엘리사가 눈먼 군사들에게 말했지요.

"여기는 당신들이 찾는 길도 아니고 성도 아니오. 따라오시오. 당신들이 찾는 사람에게 데려다주겠소!"

엘리사는 아람 군대를 **사마리아**로 이끌고 갔습니다.

아람 군대가 사마리아에 이르자마자 엘리사가 기도했어요.

"오, 여호와 하나님. 이 사람들의 눈을 열어 볼 수 있게 해 주십시오."

하나님은 아람 군사들의 눈을 열어 볼 수 있게 해 주었고, 아람 군사들은 자신들이 사마리아에 있다는 것을 알았습니다. 이스라엘 왕이 아람 군사들을 보고 엘리사에게 물었어요.

"선지자여, 내가 저들을 죽여도 되겠나?"

엘리사가 대답했습니다.

"저들을 죽여서는 안 됩니다. 왕의 칼이나 활로 저들을 사로잡은 게

사마리아 언덕
사마리아는 기원전 890년경부터 북 이스라엘 왕국의 수도였다. 주변의 평지보다 약 100m 정도 솟아올라 있어 천연 요새 기능을 했다.

「사마리아의 기근」

: 화가 귀스타브 도레의 작품이다. 포위 공격은 포위당한 사람들을 굶주림과 목마름으로 몰아 넣기 위한 전술이다. 기원전 650년경 앗수르 왕 아
........이 바벨론을 포위 공격했을 때 바벨론 주민들이 사람을 잡아먹었다고 전한다. 고대 사회에서는 포위 공격이 흔했기 때문에 식인이 흔하한 일은

아니지 않습니까? 아람의 군사들에게 먹을 것과 마실 것을 주십시오. 저들이 음식을 다 먹으면 저들의 주인에게 보내 주십시오."

이스라엘 왕은 아람 군대를 위해 잔치를 베풀었어요. 아람 군사들이 음식을 배불리 먹자 이스라엘 왕은 그들을 아람 왕에게 돌려보냈지요. 그 후 아람의 도적 무리는 이스라엘 땅을 침범해 오지 않았어요.

얼마 후 아람 왕 벤하닷(Ben-Hadad)은 온 군대를 이끌고 사마리아를 에워쌌습니다. 아람 군대가 에워싸고 있는 동안 사마리아에는 가뭄이 심하게 들었어요. 그러다 보니 나귀 머리 하나가 은 80개에 팔리기도 했지요.

하루는 이스라엘 왕이 성벽 위를 지나는데 한 여자가 왕에게 "왕이시여, 저를 도와주소서!" 하고 외쳤습니다. 왕이 말했지요.

"여호와 하나님께서도 널 돕지 못하는데 내가 어찌 널 도울 수 있겠느냐? 타작마당에서 곡식을 가져다주겠느냐, 포도주 틀에서 포도주를 가져다주겠느냐? 도대체 무슨 일로 그러느냐?"

"이 여자가 제게 '네 아들을 내놓아라. 오늘은 네 아들을 잡아먹고 내일은 내 아들을 잡아먹자.'라고 했습니다. 그래서 제 아들을 삶아 먹었지요. 다음 날에 제가 '네 아들을 내놓아라. 네 아이를 먹을 차례다.' 하니 이 여자가 자기 아이를 감춰 버렸습니다."

이스라엘 왕은 여자의 말을 듣고 너무 기가 막혀 자신의 옷을 찢었습니다. 왕이 성벽 위를 걸을 때 사람들은 왕이 겉옷 안에 베옷을 입은 것을 보았어요.

엘리사는 장로들과 함께 자기 집에 있었습니다. 엘리사가 장로들과 이야기를 나누고 있을 때 이스라엘 왕이 와서 말했어요.

도끼 자루를 떠오르게 하다
여리고에 있던 선지자 학교에 학생 수가 늘어 학생들은 숙소를 확장하기로 했다. 한 사람이 숙소에 쓸 나무를 베다가 도끼를 물에 떨어뜨렸다. 엘리사는 나뭇가지를 물에 던져 도끼를 떠오르게 했다. 「열왕기 하」 6장 1~7절의 이야기다.

"여호와 하나님께서 보내신 이 모든 재앙을 보아라. 내가 왜 하나님께 소망을 품어야 하느냐?"

엘리사가 말했습니다.

"여호와 하나님의 말씀을 들어 보십시오. 하나님께서 내일 이 시각쯤 사마리아 성문에서 질 좋은 밀가루 한 스아(seah, 고체량을 재는 구약 시대 단위로 약 7.3ℓ에 해당)를 은 한 개로, 보리 두 스아도 은 한 개로 살 수 있을 거라 하셨습니다."

이스라엘 왕 옆에서 전차를 끄는 사람이 엘리사에게 따져 물었어요.

"여호와 하나님께서 하늘의 창고 문을 여신다고 해도 그런 일이 가능하겠습니까?"

엘리사가 대답했지요.

"당신 눈으로 직접 보게 될 것이오."

성문 밖에 있는 나병 환자 네 명이 서로에게 말했습니다.

"여기 앉아 그냥 죽어야 하나? 여기 이대로 있어도 죽고 성안으로 들어가도 가뭄 때문에 굶어 죽긴 마찬가지네. 그러니 아람 군대에 항복하는 건 어떻겠나? 아람군이 우리를 살려 주면 사는 것이고 죽이면 죽는 것일세."

나병 환자들은 저녁때 아람 군대의 진으로 갔어요. 뜻밖에 진에는 아무도 없었지요.

나병 환자들이 아람 군대의 진에 도착하기 얼마 전에 하나님은 아람 사람들의 귀에 전차와 말과 수많은 군사의 소리를 들려주었어요. 아람 사람들은 소스라치게 놀랐지요.

"이스라엘 왕이 헷 왕과 애굽 왕들을 불러 우리를 공격하려는 것이 분명하다."

아람 군대는 해 질 무렵 장막과 말과 나귀를 모두 버리고 도망갔습니다. 자기 목숨을 구하느라 바빠 진은 그대로 둔 채 도망쳤지요. 진에 다다른 나병 환자들은 한 장막으로 들어가 마음껏 먹고 마셨습니다. 그러고는 장막 안에 있던 금은과 옷을 가지고 나와 숨겨 두었어요. 다른 장막에 있던 물건들도 가지고 나와 숨겼지요.

나병 환자들은 장막을 들락거리다가 퍼뜩 정신이 들어 말했습니다.

「빵을 불리는 엘리사」
이탈리아 화가 틴토레토의 작품이다. 『열왕기 하』 4장 42~44절에서 엘리사는 빵 20개로 100명을 먹인다. 예수의 오병 이어 기적과 비슷하다.
스쿠올라 그란데 디 산 로코 소장

"이러면 안 되네. 이토록 좋은 소식을 날이 밝도록 알리지 않으면 벌을 받을 걸세. 자, 왕궁으로 가서 이 소식을 알리세."

나병 환자들은 성 문지기를 불러 말했어요.

"우리는 아람 군대의 진으로 갔소. 진에서는 사람 소리 하나 들리지 않았소. 말과 나귀는 그대로 매여 있고 장막도 그대로 세워져 있소."

성 문지기는 그 소식을 왕궁 안에 있는 사람들에게 전했습니다. 밤 중에 일어난 이스라엘 왕은 의심스러워 신하들에게 말했어요.

"모두 아람 사람들이 꾸민 일이다. 아람 사람들은 우리가 굶주리고 있다는 것을 안다. 지금 아람 사람들은 진을 떠나 들에 숨어 있을 것이다. 우리가 굶주리다 못해 성에서 나오기를 기다리고 있으리라. 아람 사람들은 우리가 성에서 나가면 우리를 사로잡고 성으로 들어올 것이다."

한 신하가 왕에게 간청했습니다.

"몇 사람에게 남아 있는 말을 주어 성 밖으로 내보내 보십시오. 어차피 이스라엘 사람들은 모두 죽을 운명이니 성 밖으로 나간 이들이 죽으면 그뿐입니다. 그러니 그들에게 알아보게 하십시오."

이스라엘 왕은 두 사람을 선택해 말에 태운 후 아람 군대의 뒤를 쫓으라고 명령했습니다. 두 사람은 요단 강까지 아람 군대를 쫓아갔어요. 길에는 아람 군대가 급하게 버리고 간 옷과 무기들이 잔뜩 널려 있었지요. 두 사람은 돌아와 자신들이 본 것을 왕에게 보고했어요.

이스라엘 사람들은 성 밖으로 나와 아람 군대의 진 안에 있던 물건을 모조리 가져갔습니다. 그리하여 사람들은 여호와 하나님이 말했던 대로 질 좋은 밀가루 한 스아를 은 한 개에, 보리 두 스아도 은 한 개에 살 수 있게 되었지요.

「엘리사의 묘실에 던진 죽은 사람이 다시 살아나다」
네덜란드 화가 얀 나헬의 작품이다. 엘리사는 예후의 아들 요아하스 재위기에 죽었다. 어느 날 한 이스라엘 사람이 들고 가던 시체를 엘리사의 묘실에 던진다. 시체는 살아나 벌떡 일어난다. 「열왕기 하」 13장 21절의 이야기다.

아합 왕조가 이세벨의 비명을 끝으로 무너지다

엘리사가 선지자들의 제자들 가운데 한 사람을 불러 말했습니다.

"소매를 걷어붙여라. 이 기름병을 들고 길르앗에 있는 라못으로 가
야 한다. 라못에 도착하면 여호사밧의 아들 예후를 찾아 골방으로 데
려가거라. 그런 다음 이 병에 담긴 기름을 예후의 머리에 부으면서 말
해라. '나 여호와 하나님이 말하니 내가 너를 이스라엘의 왕으로 임
명하노라.' 그런 다음 문을 열고 재빨리 도망쳐라."

젊은 제자는 엘리사의 말대로 길르앗의 라못으로 갔어요. 라
못에서는 군대의 장군들이 회의하고 있었지요. 젊은 제자가
장군들에게 "장군님, 전할 말이 있습니다."라고 말했습니다. 예
후가 물었지요.

"우리 가운데 누구에게 말하는 거냐?"

"바로 장군님이십니다."

예후는 일어나 젊은 제자와 함께 집으로 들어갔습니다.

젊은 제자는 예후의 머리에 기름을 붓고 말했어요.

"이스라엘의 하나님 여호와께서 말씀하셨습니다. '내가 너
를 여호와의 백성, 이스라엘을 다스리는 왕으로 임명하노라!'"

젊은 제자는 말을 마친 후 문을 열고 급히 도망갔습니다.

예후가 왕의 신하들 곁으로 돌아왔어요. 신하들이 예후에게
물었습니다.

"괜찮으십니까? 그 정신 나간 녀석이 뭐라 합니까?"

예후가 대답했어요.

"그자가 누구인지 전한 말이 무엇인지 당신들도 이미 알고

있소."

"그러지 말고 속 시원히 어서 말해 보십시오."

"그자가 내게 여호와의 말씀을 전했소. 하나님께서 나를 이스라엘의 왕으로 임명한다고 하셨소."

자리에 있던 사람들은 이 말을 듣고 재빨리 자기 옷을 벗어 예후의 발아래에 깔았습니다. 또한 나팔을 불며 "예후께서 이스라엘의 왕이 되셨다!"라고 외쳤지요. 예후는 아합의 아들 요람(Joram) 왕을 죽일 계획을 세웠어요.

당시 요람은 이스라엘 사람들을 모두 동원해 아람 왕 하사엘에 맞서 길르앗의 라못을 지키고 있었습니다. 요람은 하사엘과 싸우던 중 상처를 입어 치료하기 위해 이스르엘로 돌아와 있었지요. 예후는 요람이 이스르엘에 있다는 사실을 알고 있었으므로 신하들에게 단단히 일렀습니다.

"여러분이 나와 뜻을 같이한다면, 성을 빠져나가 지금 있었던 일을

「이세벨에게 가는 님시의 아들 예후」
영국 화가 에드워드 헨리 코보울드의 작품이다. 남 유다의 왕위는 다윗의 후손들에게 별문제 없이 계승되었다. 반면, 북 이스라엘의 주요 왕조는 선지자들의 선포에 따라 일어났다 사라지기를 반복했다.

이스르엘에 전하면 안 됩니다."

예후는 말을 마치고 전차에 올라타 이스르엘로 출발했어요.

이스르엘의 망대(望臺, 적의 상황을 살피기 위해 높이 세운 곳)에 서 있던 파수병은 예후가 먼지구름을 일으키며 오고 있는 것을 보았습니다. "먼지구름이 보입니다. 누군가 오고 있습니다." 요람이 이 말을 듣고 명령했어요. "기마병을 보내 맞이해라. 평화의 소식을 가져왔는지 물어라." 기마병은 예후를 맞이하며 물었습니다. "이스라엘 왕께서 평화의 소식을 가져온 것인지 물어보라고 하셨소." 예후는 "평화와 네가 무슨 상관이냐? 너는 나를 따르라."라고 대답했지요.

이를 본 파수병이 "기마병이 가서 돌아오지 않습니다."라고 보고했습니다. 요람은 두 번째 기마병을 보냈어요. 기마병은 예후에게 물었지요. "이스라엘 왕께서 평화의 소식을 가져왔는지 물으셨소." 예후는 이번에도 "평화와 네가 무슨 상관이냐? 너도 나를 따르라."라고 대꾸

했어요.

이를 본 파수병이 또 말했습니다.

"두 번째 기마병도 가서 돌아오지 않습니다. 전차를 몰고 오는 사람은 예후인 것 같습니다. 예후가 미친 듯이 전차를 몰고 있습니다."

요람은 "내 전차를 준비해라."라고 명령했어요. 전차가 준비되자 요람은 이스르엘 사람 나봇의 땅에서 예후를 만났습니다. 요람이 예후를 보고 직접 물었어요.

"예후여, 평화의 소식을 가지고 왔는가?"

예후가 대답했습니다.

"당신의 어머니 이세벨의 악행이 도처에 가득하니 어찌 평화가 있을 수 있겠습니까?"

그 말을 듣고 요람은 말을 돌려 도망쳤어요. 예후는 요람의 두 어깨 사이를 향해 활을 쏘았습니다. 활은 그대로 요람의 심장을 뚫었고 요람은 전차에서 쓰러졌지요. 예후는 자기 전차를 몰고 있는 빗갈(Bidkar)에게 말했습니다.

「나봇의 포도밭에 던져진 요람」
아합이 죽은 후 아합의 아들 아하시야와 요람이 차례로 왕위를 잇는다. 요람이 죽어 아합 왕조, 즉 오므리 왕조는 막을 내린다.

"요람의 시체를 들어 이스르엘 사람 나봇의 밭에 던져라. 우리가 함께 말을 타고 아합을 따를 때 하나님이 하신 말씀을 기억해 보아라. '어제 나는 분명 나봇과 나봇의 아들이 흘린 피를 보았다. 내가 아합 너에게 같은 땅에서 벌을 내릴 것이다.'라고 하셨다. 그러니 하나님의 말씀대로 이 땅에 요람의 시체를 던져라."

「이세벨의 죽음」

프랑스 화가 귀스타브 도레의 작품이다. 고대에는 새로운 왕이 이전 왕의 후궁을 취해 정통성을 확립하는 일이 있었다. 따라서 몇몇 연구자들은 이세벨이 예후가 이스르엘에 도착할 즈음 이세벨은 요람이 죽었다는 소식을 들었어요. 이세벨은 눈에 화장하고 머리를 손질한 후 창밖을 내다보았습니다. 이세벨은 예후가 성문 안으로 들어오는 것을 보고 외쳤어요.

"자기 주인을 죽인 배신자여, 평안한가?"

예후가 말했습니다.

"내 편이 거기 있느냐? 누구 없느냐?"

종 두세 명이 밖을 내다보았어요. 예후가 종들에게 "저 여자를 내던져라."라고 외쳤지요. 종들이 이세벨을 창밖으로 내던졌고 말들이 와서 이세벨을 짓밟았습니다. 예후는 궁전으로 들어가 음식을 먹으며 명령했어요.

"이세벨이 어떻게 되었는지 가서 보고 묻어 주어라. 그래도 왕의 딸이다."

사람들이 이세벨의 시체를 묻으러 갔을 때 이세벨이 떨어진 자리에는 머리뼈와 손발만 남아 있었습니다. 사람들이 돌아와 보고하자 예후가 말했어요.

"여호와 하나님께서 엘리야에게 말씀하신 대로 되었구나. 하나님께서는 이렇게 말씀하셨다. '개들은 이스르엘 땅에서 이세벨의 시체를 먹을 것이다. 이세벨의 시체는 밭의 거름이 될 것이다. 따라서 이세벨의 시체를 보고 이세벨이라 할 사람은 아무도 없으리라.'"

개들에게 뜯어 먹히는 이세벨
시체를 장사 지내 주지 않고 개가 먹게 하는 것은 가장 잔혹한 형벌이었다. 형벌을 내리는 사람은 반역자들의 영혼이 평화로운 내세를 누리지 못하고 이리저리 방황하길 바랐다.

속좁은 요나가 물고기 밥이 되다

여호와 하나님이 아밋대의 아들 요나(Jonah)에게 전했습니다.

"일어나 큰 성 니느웨(Nineveh, 니네베)로 가서 니느웨를 향해 외쳐라. 그들의 죄악이 하늘에까지 이르렀다고 말이다."

하지만 요나는 여호와를 피해 다시스(Tarshish)로 도망치려고 했어요. 욥바(Joppa)로 내려가 다시스로 가는 배를 만났지요. 요나는 뱃삯을 낸 후 배에 탄 사람들과 함께 출발했어요.

여호와 하나님은 바다 위에 큰바람을 일으켰습니다. 바다에 큰 폭풍이 일자 배가 난파할 위험에 처했어요. 뱃사람들은 겁에 질려 각자 자기가 모시는 신에게 살려 달라고 애원했습니다. 배를 가볍게 만들기 위해 짐을 바다로 던지기도 했지요. 하지만 요나는 배 아래층에 내려가 구석에서 잠을 청했어요. 배의 선장이 어처구니가 없어서 말했

욥바
현재 텔 아비브 바로 남쪽에 위치한 항구 도시다. 통일 왕국 시대에 종종 블레셋 도시 아스글론의 지배를 받았다.

습니다.

"어떻게 이 상황에 잠을 잘 수 있소? 당신
이 모시는 신에게 도움을 구하시오. 그 신이
우리를 불쌍히 여겨 살려 줄지도 모르잖소."

배에 탄 사람들이 서로에게 말했어요.

"제비뽑기를 해서 누구 때문에 재앙이 닥
쳤는지 알아봅시다."

제비는 요나에게 돌아갔습니다. 사람들이
요나에게 몰려들어 말했어요.

"말해 보시오. 당신은 무엇을 하는 사람이오? 어디에서 왔소? 어느
나라 사람이오? 어떤 민족이오?"

요나가 대답했습니다.

요나
기원전 8세기경에 활동한 선지자
다. 여로보암 2세 재위기에 활동했
다. 이 시기에 앗수르 세력은 현저
히 약화되어 있었다.

"나는 히브리 사람입니다. 하나님을 섬기는 사람이지요. 하나님은
바다와 땅을 만드신 분입니다."

사람들은 크게 두려워하며 요나에게 "도대체 무슨 짓을 저질렀소?"
라고 물었습니다. 요나의 이야기를 듣고 사람들은 요나가 하나님에게
서 도망치고 있다는 사실을 알게 되었어요.

사람들은 요나에게 물었습니다.

"저 바다가 잠잠해지려면 우리가 어떻게 해야 하오?"

폭풍우는 점점 세게 휘몰아치고 있었어요. 요나는 사람들에게 말했
습니다.

"나를 들어서 바다에 집어 던지십시오. 그러면 바다가 잠잠해질 것
입니다. 이 거대한 폭풍우가 나 때문이라는 것을 잘 알고 있습니다."

사람들은 차마 요나의 말대로 하지 못했어요. 대신 배를 힘차게 저어 육지 쪽으로 가려 했지요. 하지만 바다는 점점 거세졌고 배는 한 치도 나아가지 않았습니다.

결국 사람들은 하나님에게 울부짖으며 간청했어요.

"오, 하나님이시여. 저희가 간절히 애원합니다. 간절히 바랍니다. 저희가 이 사람을 죽이지만 하나님께서는 저희를 죽이지 마십시오. 저희가 죄 없는 사람을 죽인다고 여기지 말아 주십시오. 당신은 여호와 하나님이시니 원하시는 대로 하실 수 있습니다."

사람들은 요나를 들어 바다에 던졌습니다. 그러자 바다는 다시 잠잠해졌어요. 이 모습을 지켜본 사람들은 두려워서 여호와 하나님에게 제물을 바치고 맹세했습니다.

「요나를 삼키는 물고기」
이탈리아 화가 지오토 디 본도네의 작품이다. 이 이야기에서 신은 두 종류다. 여호와는 '우주적 신'이고 뱃사람들의 신은 개인적인 신이다. 뱃사람들은 자신의 신이 우주적 신인 여호와를 말려 주길 바랐다.
스크로베니 예배당 소장

여호와 하나님은 아주 큰 물고기를 준비해 요나를 삼키게 했어요. 요나는 물고기 배 속에 갇혀 3일 밤낮을 지내야 했지요. 물고기 배 속에서 요나는 하나님에게 살려 달라고 기도했습니다. 여호와 하나님은 물고기에게 일러 요나를 육지에 뱉어 놓게 했어요.

여호와 하나님은 요나에게 다시 말했습니다.

"일어나 큰 성 니느웨로 가서 내가 전한 말대로 외쳐라."

요나는 하나님의 명령대로 니느웨로 갔

습니다. 니느웨는 아주 큰 성이라 가로질러 가는 데만 3일이 걸렸어요. 요나는 온종일 성안을 걸어 다니면서 "40일 후면 니느웨는 멸망할 것이다."라고 외쳤지요.

니느웨 사람들은 하나님을 믿었습니다. 사람들은 하나님의 분노를 달래려고 금식을 선포하고 신분이 가장 높은 사람부터 가장 낮은 사람까지 모두 베옷을 입었어요. 니느웨 왕도 이 소식을 들었지요. 왕은 왕좌에서 일어나 왕의 옷을 벗고 베옷을 입은 후 잿더미에 앉았습니다. 그러고서 니느웨 사람들에게 명령했어요.

"왕과 귀족들이 내리는 명령이다. 사람이나 짐승, 소나 양 가운데 어떤 것도 먹지 마라. 음식이든 물이든 먹어서는 안 된다. 사람과 짐승

요나 모스크

이라크 모술 니느웨에 있는 모스크다. 모스크는 이슬람교의 예배당을 뜻한다. 요나의 무덤이 있어 성지로 유명하다. 하지만 종교 분쟁으로 2014년에 파괴되었다.

모두 베옷을 입고 하나님께 진심으로 용서해 달라고 호소해야 한다. 악의 길에서 발길을 돌이켜 폭력을 그쳐야 한다. 하나님이 우리를 불쌍히 여겨 분노를 거두시면 우리는 죽지 않을 것이다."

하나님은 니느웨 사람들이 악의 길에서 발길을 돌이킨 것을 보고 내리기로 한 재앙을 거두었습니다.

요나는 매우 화가 났어요. 하나님이 니느웨 사람들을 쉽게 용서했기 때문이지요. 요나는 하나님에게 기도했습니다.

"하나님, 제가 고국에 있을 때 결국 이렇게 될 것이라 말씀드리지 않았습니까? 저는 하나님께서 은혜롭고 자비로우며 좀처럼 화를 내지 않고 사랑이 한없는 분이라, 결국 니느웨 사람들을 용서해 주시리라는 것을 알고 있었습니다. 이 때문에 제가 바로 다시스로 도망간 것이지요. 상황이 이리되었으니 사는 것보다 죽는 것이 더 낫습니다. 하나님, 간절히 원하니 저를 죽여 주십시오!"

여호와 하나님은 이렇게 답했어요.

"네가 화를 내는 것이 옳은 일이냐?"

요나는 성 밖으로 나와 성의 동쪽으로 갔습니다. 그곳에 오두막을 하나 짓고 머무르며 성이 어떻게 되어 가는지 지켜보았어요. 여호와 하나님은 요나의 오두막 위로 박 덩굴을 자라게 해 그늘을 만들어 주었습니다. 박 덩굴 때문에 요나는 기분이 좋아졌지요. 하지만 다음 날

새벽에 하나님은 덩굴에 벌레를 보냈습니다. 벌레는 덩굴을 해쳤고 결국 덩굴은 시들어 버렸지요. 해가 뜨자 하나님은 뜨거운 동풍을 불어 보냈습니다. 머리 위로 햇볕이 내리쬐자 요나는 현기증을 느꼈고 다시 죽고 싶다고 생각했어요.

"사는 것보다 죽는 것이 더 낫겠구나."

하나님이 다시 요나에게 물었어요.

"네가 그 덩굴 때문에 화를 내는 것이 옳으냐?"

요나가 대답했지요.

"옳습니다. 죽고 싶을 만큼 화가 납니다."

"너는 박 덩굴이 자라는 데 한 일도 없으면서, 하루 사이에 자라나 하룻밤 만에 시들어 버렸다고 그리 안타까워하느냐? 하물며 니느웨 성에는 옳고 그름을 가리지 못하는 사람들이 12만 명이나 살고 짐승들도 수없이 많다. 내가 어찌 니느웨 성을 아끼지 않을 수 있겠느냐?"

「덩굴 아래의 요나」
네덜란드 화가 마르텐 반 헤엠스케르크의 작품이다. 요나는 이교도들이 여호와도 자신들의 신처럼 매수할 수 있는 존재라고 여기게 될 것을 염려했다.
윈저 로얄 컬렉션 소장

생각해
보세요

이스라엘에는 어떤 선지자들이 있었을까요?

이스라엘에는 각 시대마다 엘리사나 요나 같은 '선지자(Prophet)'가 있었습니다. 선지자는 '하나님이 한 말을 수정하거나 삭제하지 않고 있는 그대로 전달하는 사람'을 의미하지요. 선지자는 이스라엘 백성이 가나안에 정착하면서부터 본격적으로 활동했어요. 하나님이 시내 산에서 모세를 통해 내린 율법은 이스라엘 공동체의 윤리와 도덕의 기준이 되었습니다. 하지만 가나안에 정착한 후 농경 문화에 적응하는 과정에서 초기에 받은 율법만으로는 판단할 수 없는 다양하고 복잡한 상황들이 발생했지요. 이스라엘 백성은 하나님이 구체적인 삶의 방향을 제시해 주길 바랐어요.

선지자들은 이 바람에 따라 이스라엘 왕과 백성에게 하나님이 말한 바를 보고 듣고 전달해 주는 역할을 했습니다. 선지자들은 하나님의 말을 전해 이스라엘이 나아가야 할 방향을 알려 주었지요. 또한 이스라엘 백성이 하나님 앞에서 범죄를 저지를 때마다 '하나님의 경고'를 단호히 전달해, 백성이 거룩한 길에서 벗어나지 않게 했어요.

이스라엘의 첫 왕이었던 사울이 실정(失政)한 후 나라의 장래를 이끌 '영적 지도자'의 필요성이 더욱 커졌습니다. 따라서 사무엘을 중심으로 선지자 조직이 세워졌어요. 사무엘이 죽은 후 각지로 흩어진 선지자들은 나라에 중요한 일이 일어날 때마다 하나님으로부터 받은 메시지를 왕과 백성에게 전해 주었답니다.

다윗과 솔로몬이 통치하던 통일 왕국 시대에는 선지자 '사무엘'이 '미스바 대성회'를 주관했습니다. '나단'은 다윗이 밧세바와 간음하고 밧세바의 남편 우리아를 살해했을 때 하나님의 뜻대로 다윗을 무섭게 책망했어요. '갓'은 다윗이 사울로부터 도망쳐 아둘람 동굴에 은신했을 때 유다 땅으로 다시 들어가라 충고하고 다윗의 인구 조사를 비판했습니다. '아히야'는 여로보암을 만나 북 이스라엘 왕국 건립을 예언했어요. '잇도'는 솔로몬의 행적을 기록한 선지자였습니다.

분열 왕국 시대 북 이스라엘에서는 '예후'가 우상 숭배자 바아사의 멸망을 예언했어요. 그 외에도 아합 가문의 멸망을 예언한 '엘리야', 아합의 죽음을 예언한 '미가야', 죽은 아이를 살리는 등 많은 기적을 행한 '엘리사'가 활동했습니다. 이스라엘 백성이 하나님을 버리고 힘센 이방 나라에 의존하는 것을 책망한 '호세아', 니느웨에 심판을 알린 '요나', 이스라엘에 대한 심판과 회복을 예언한 '아모스', 베가에게 유다인 포로 석방을 요구한 '오뎃'도 북 이스라엘에서 활동한 선지자들이지요.

남 유다에서도 선지자들이 활발하게 활동했습니다. 이들은 이스라엘 백성이 포로로 잡혀간 적국에서도 하나님의 말을 전했어요. 먼저 북 이스라엘과의 전쟁을 만류했던 '스마야'가 있지요. 그 밖에 아사의 이방 외교 정책을 책망한 '하나니', 모압과 암몬 연합군에 승리할 것을 예언한 '야하시엘', 여호람이 창자가 빠져 죽을 것을 예언한 '엘리야', 요아스의 우상 숭배를 책망한 '스가랴', 성령 강림을 예언한 '요엘', 열방의 멸망과 메시아의 탄생을 예언한 '이사야'가 있습니다. 또한 유다에 대한 심판과 유다의 회복을 예언한 '미가', 앗수르 제국의 멸망을 예언한 '나훔', 시드기야에게 유다의 멸망을 예언한 '예레미야', 바벨론의 멸망을 예언한 '하박국', 유다의 회복을 예언한 '에스겔', 메시야의 임재(臨在)를 예언한 '말라기' 등의 선지자들이 활동했지요.

얀 반 에이크가 그린
선지자 미가

3 민족의 멸망을 예언하다 |
이사야와 예레미야

북 이스라엘과 남 유다에서는 왕과 왕조가 몇 번 바뀝니다. 왕이나 왕조가 바뀌어도 두 왕국은 한결같이 하나님에게 불순종하지요. 등장하는 왕들이 모두 '그 나물에 그 밥'이었던 거예요. 그나마 이사야와 예레미야와 같은 선지자들이 살아 있는 양심이라 불리며 북 이스라엘과 남 유다를 깨우치려고 노력합니다. 심판의 날이 머지않았다고 겁을 주기도 하고 좋은 말로 설득해 달래기도 했어요. 하지만 이스라엘은 이미 썩을 대로 썩어 회복이 불가능한 상태였지요. 결국 북 이스라엘은 앗수르 제국에 의해 멸망하고, 남 유다 사람들은 바벨론 제국의 포로로 끌려갑니다. 예루살렘 성과 하나님의 성전도 비참하게 무너지고 말지요.

- 내가 여기 있나이다. 나를 보내소서. (『이사야』 6:8)

- 북방 왕국들이 와서 예루살렘 성문 어귀에 자리를 정하고 그 사방 모든 성벽과 유다 모든 성읍을 치리라. (『예레미야』 1:15)

- 이 언약책에 기록된 대로 너희의 하나님 여호와를 위해 유월절을 지켜라. (『열왕기 하』 23:21)

- 그들이 시드기야의 아들들을 죽이고 그의 두 눈을 빼고 놋 사슬로 그를 결박해 바벨론으로 끌고 갔더라. (『열왕기 하』 25:7)

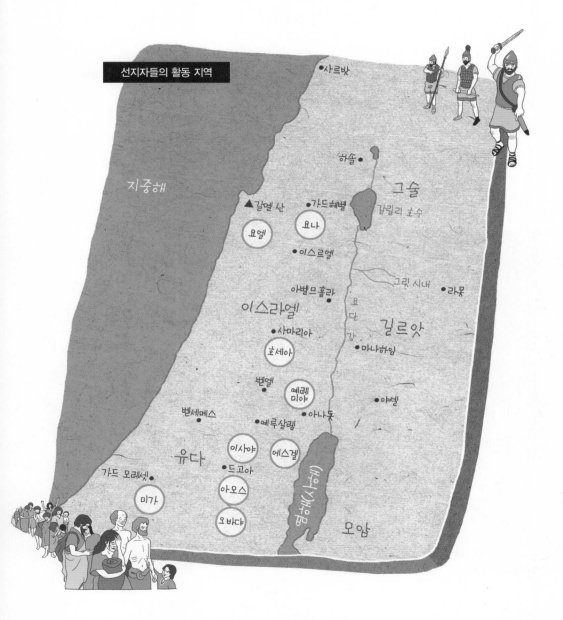

선지자들의 활동 지역

사르밧

지중해

하솔

그술

갈릴리 호수

▲ 갈멜 산   가드헤벨

요엘   요나

이스르엘

그릿 시내   라못

아벨므홀라

요단 강

이스라엘   길르앗

사마리아

호세아   마나하임

벧엘   예레미야   야셀

벧세메스   아나돗

예루살렘

이사야   에스겔

유다   드고아

가드 모레셋   아모스

미가   오바댜

염해(사해)

모압

189

소년 요아스, 유다 왕좌에 오르다

요람이 이스라엘을 통치한 지 12년째 되던 해, 여호람의 아들 아하시야(Ahaziah)가 유다를 통치하기 시작했습니다. 아하시야는 부상당한 요람을 문병하기 위해 이스르엘로 내려갔어요. 예후가 요람을 공격했던 일은 아하시야가 이스르엘에 있을 때 일어났지요. 아하시야는 예후가 요람을 공격하는 것을 보고 벳하간(Beth Haggan) 방향으로 도망쳤습니다. 하지만 예후는 아하시야를 뒤쫓으며 "전차에 탄 아하시야에게도 활을 쏴라."라고 소리쳤어요. 예후의 군대는 이블르암(Ibleam) 근처에 있는 구르(Gur)로 올라갔습니다. 올라가는 길에 활을 쏴 아하시야를 맞혔지요. 아하시야는 화살을 맞은 채 므깃도까지 도망쳤지만 결국 므깃도에서 죽고 말았어요.

「왕족 학살에서 살아남은 요아스」
이전 왕족을 절멸시키는 것은 고대 근동에서 일반적인 관행이었다. 아달랴는 아합과 이세벨의 딸이다. 아달랴는 다윗 왕조에 속한 사람들을 모두 없애려 했다.

아하시야의 어머니 아달랴(Athaliah)는 자기 아들이 죽었다는 소식을 듣고 아하시야의 자식들을 죽였습니다. 하지만 아하시야의 아들 요아스(Joash)는 이모인 여호세바(Jehosheba)가 몰래 빼내 유모와 함께 침실에 숨겨 주었어요. 아달랴의 눈을 피한 요아스는 목숨을 건졌지요. 요아스는 여호세바와 함께 6년 동안 여호와의 성전에 숨어 지냈습니다. 그동안 유다는 아달랴 여왕이 다스렸어요.

7년 후에 제사장 여호야다(Jehoiada)가 여호와의 성전에 왕궁 호위병들을 불렀습

"주님, 저를 보내십시오."

요아스의 손자인 **웃시야**(Uzziah)는 예루살렘에서 유다를 16세부터 52년간 다스렸습니다.

웃시야는 블레셋 사람들과 전쟁을 치르고 가드와 야브네(Jabneh)와 아스돗의 성벽을 무너뜨렸어요. 아스돗 근처와 블레셋에는 성을 쌓았지요. 하나님은 웃시야가 블레셋 사람들을 물리치는 것을 도왔습니다. 암몬 사람들은 웃시야에게 조공을 바쳤어요. 웃시야는 매우 강해졌습니다.

웃시야는 예루살렘의 '모퉁이 문'과 '골짜기 문'과 성벽의 모퉁이에 망대를 세워 요새를 구축했어요. 광야에도 망대를 세우고 우물을 많이 팠지요. 또한 저지대에 많은 가축을 키웠고 평지에는 농부를 보냈으며 산과 과수원에는 포도 재배하는 사람들을 보냈습니다. 한편, 웃시야는 땅에서 농사짓는 것을 좋아했어요. 웃시야는 죽는 날까지 나병에 시달리며 별궁에서 살았습니다. 하지만 웃시야의 아들 요담은 백성을 다스리며 왕궁의 가장 좋은 곳에서 살았지요. 웃시야가 죽었을 때 사람들은 웃시야의 시체를 다윗의 성으로 옮겨 조상들이 안치된 곳에 묻었어요. 왕위는 요담이 이었습니다.

유다 왕 웃시야가 죽던 해에 선지자 **이사야**(Isaiah)는 다음과 같이 말했어요.

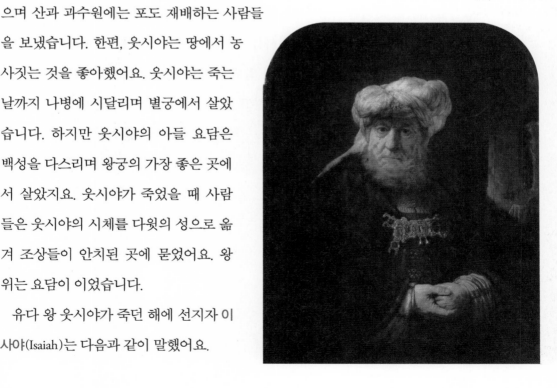

「웃시야」
네덜란드 화가 렘브란트의 작품이다. 웃시야라는 이름은 '여호와는 나의 힘이다'라는 뜻이다. 남 유다의 10대 왕이다. 남 유다의 서쪽과 남쪽 족속들을 정복했다.
채즈워스 하우스 소장

"주님께서 높고 고귀한 보좌에 앉으신 것을 보았습니다. 그분의 옷자락이 성전에 가득했지요. 호위 천사들이 주님 위를 날고 있었습니다. 천사들은 날개를 세 쌍 가지고 있었어요. 한 쌍으로는 얼굴을 가렸고 다른 한 쌍으로는 발을 가렸으며 나머지 한 쌍으로 날고 있었지요. 천사들은 소리 높여 외쳤습니다."

만군의 여호와여, 거룩, 거룩, 거룩하시도다.
온 땅이 여호와의 영광으로 가득하도다.

"천사들이 내는 소리 때문에 문들이 흔들리고 성전 안은 연기로 가득했습니다. 나는 말했습니다. '아, 슬프다. 망했구나! 나는 입술이 더러운 사람이고 입술이 더러운 사람들 사이에 살았다. 그런 내가 왕이신 만군의 여호와를 직접 보다니!' 호위 천사들 가운데 하나가 제단에 있던 뜨거운 숯을 들고 날아와 내 입에 대며 말했습니다. '보아라. 이 숯이 너의 입술에 닿았으니 네 허물이 사라지고 네 죄는 용서받으리라.' 그때 주님의 목소리가 들려왔습니다."

내가 누구를 보내야 하나?
누가 우리를 위해서 갈까?

"내가 말했습니다."

제가 여기 있습니다. 저를 보내소서.

오만한 앗수르 왕의 최후

앗수르(Assyria, 아시리아)의 왕이 군대 장관을 큰 군대와 함께 예루살렘에 보냈습니다. 앗수르 군대가 예루살렘에 도착해 유다 왕 히스기야(Hezekiah)를 부르니 힐기야의 아들 엘리야김(Eliakim)과 서기관 셉나(Shebna)와 아삽의 아들 요아(Joah)가 나왔어요. 앗수르의 군대 장관이 말했지요.

"그리 자신만만한 까닭이 무엇이냐? 누굴 믿고 내게 반역하느냐? 애굽이 도와줄 것이라 믿느냐? 애굽 왕 파라오가 부러진 갈대만큼 약하다는 것을 모르느냐? '우리는 여호와 하나님을 믿는다.'라고 말하고 싶겠구나. 하지만 보아라. 히스기야가 여호와 하나님의 제단을 없애 버리지 않았느냐?

이제 앗수르 왕과 내기해라. 너희가 말을 탈 수 있는 사람 2,000명을 구해 오면 내가 말 2,000마리를 주겠다. 하지만 너희는 앗수르 왕의 종들 가운데 가장 약한 사람 하나도 이길 수 없을 것이다. 내가 여호와 하나님의 허락 없이 이곳을 치러 왔다고 생각하지 마라. 여호와 하나님이 나더러 이 땅을 쳐서 멸망시키라 말씀하셨다."

엘리야김과 셉나와 요아가 앗수르 군대 장관에게 말했습니다.

히스기야
남 유다의 13대 왕이다. 성전을 정화하고 아세라 목상을 부수는 등 종교 개혁에 착수했다. 앗수르 침입에 대비해 성의 방비를 철저히 했다.

"바라건대 히브리어로 말씀하는 것을 그만 두십시오. 저희는 아람어를 알아듣습니다. 계속 히브리어로 말씀하시면 성 위에 있는 사람들이 다 듣습니다."

"내 주인께서 너희와 너희 왕에게만 전하라고 나를 보낸 줄 아느냐? 그렇지 않다. 성 위에 앉아 있는 저 사람들도 결국엔 다 잡혀 고통받으리라."

군대 장관이 일어나 히브리어로 성 위의 사람들에게 크게 외쳤어요.

"너희는 위대한 앗수르 왕의 말을 잘 들어라. 왕께서는 너희에게 '히스기야에게 속지 마라.' 하셨다. 히스기야는 너희를 앗수르 왕의 손에서 구해 낼 수 없다. 히스기야가 여호와 하나님이 너희를 구원하고 이 성이 앗수르 왕의 손에 넘어가지 않을 것이라 해도 믿지 마라.

히스기야의 말을 듣지 마라. 앗수르 왕은 또 너희에게 '항복하고 내게 오너라.' 하셨다. 앗수르 왕께 항복하면 너희 모두 자기 포도나무와 무화과나무에서 나는 열매를 먹고, 자기 샘물에서 솟는 물을 마실 수 있을 것이다. 또한 앗수르 왕께서 너희를 예전에 살던 곳과 비슷한 땅으로 데려갈 것이다. 곡식과 새 포도주가 나고 빵과 포도나무가 있으며 올리브기름과 꿀이 흐르는 땅이라 너희는 죽지 않고 살 것이다.

히스기야의 말을 듣지 마라. 여호와 하나님이 너희를 구한다는 말은 전부 거짓이다. 앗수르 왕의 권세 앞에서 어떤 신이 자기 나라를 구

히스기야 터널
예루살렘의 기혼 샘에서 시작해 다윗의 성 끝에 위치한 실로암 연못에 이르는 터널이다. 「역대 하」 32장 30절에 따라 히스기야라는 이름이 붙었다. 히스기야가 전쟁을 하는 동안 샘의 물을 확보하고 적으로부터 몸을 숨기기 위해 만들었다고 추측한다.

히브리어와 아람어
이스라엘인의 모국어는 히브리어다. 하지만 기원전 7세기경에는 이스라엘 상류층이 히브리어와 함께 아람어를 사용했다. 아람어는 고대 근동의 외교 언어이기도 했다.

하겠느냐? 사마리아의 신들도 사마리아를 구하지 못했다. 신들 가운데 앗수르 왕의 손에서 자기 나라를 구할 신이 누구냐? 그러니 하나님도 예루살렘을 구할 수 없으리라."

이스라엘 사람들은 아무 대답 없이 잠잠했습니다. 히스기야 왕이 대답하지 말라고 명령했기 때문이지요. 엘리야김과 셉나와 요아는 앗수르 군대 장관의 말을 듣고 몹시 괴로워서 히스기야에게 가서 옷을 찢었어요. 히스기야도 성 밖에서 일어났던 일을 전해 듣고는 자기 옷을 찢고 베옷을 입은 후 여호와의 성전으로 갔습니다. 왕궁 관리 엘리야김과 서기관이자 가장 나이 많은 제사장 셉나는 베옷을 입고 선지자 이사야를 찾아갔어요. 엘리야김과 셉나는 이사야에게 히스기야의 뜻을 전했습니다.

"오늘은 고통과 징계와 부끄러움의 날이오. 당신의 하나님인 여호와께서도 앗수르 군대 장관이 한 말을 다 들으셨을 것이오. 앗수르 왕은 살아 계신 하나님을 조롱했소. 하나님은 이스라엘 사람들을 위해 앗수르 왕에게 벌을 내리실 것이오. 그러니 당신도 이스라엘 사람들을 위해 기도를 올려 주시오."

이사야가 말했어요.

"돌아가서 왕에게 전하시오. 여호와 하나님께서 이렇게 말씀하셨습니다. '앗수르 왕의 신하가 나를 조롱했다고 두려워하지 마라. 내가 앗수르 왕에게 한 영을 넣겠다. 앗수르 왕은 나쁜 소식을 듣고 자기 나라로 돌아갈 것이다. 그때 내가 앗수르에서 앗수르 왕을 칼로 쳐 죽일 것이다.'"

산헤립 연대기
앗수르의 수도 니느웨에서 발견된 것이다. 히스기야가 앗수르에 조공을 바친 사실과 앗수르가 46개의 남 유다 도시를 파괴했다는 내용이 적혀 있다. 하지만 여기에 남 유다의 수도인 예루살렘이 함락되었다는 기록은 없다. 따라서 산헤립이 남 유다를 완전히 함락시킨 적은 없다고 성경학자들은 주장한다. 대영 박물관 소장

앗수르 군대 장관은 돌아가다가 앗수르 왕이 **라기스**(Lachish)를 이미 떠났다는 소식을 들었습니다. 군대 장관은 립나(Libnah)로 찾아가 전투 중인 앗수르 왕을 만났지요. 앗수르 왕은 구스(Cush, 애굽 남쪽의 나일 강 유역에 있었던 지역이라 추정) 왕 디르하가(Tirhakah)가 자기를 공격하러 온다는 소식을 들었어요. 바로 그날 밤 여호와 하나님의 천사가 앗수르의 진에 나가 앗수르 군인 18만 5,000명의 목숨을 앗아 갔습니다. 다음 날 아침 일찍 앗수르의 진에 간 이스라엘 사람들은 앗수르 군인이 모두 죽어 있는 것을 보았어요.

앗수르 왕 **산헤립**(Sennacherib)은 어쩔 수 없이 니느웨로 돌아갔습니다. 어느 날, 산헤립이 자기 나라의 신 니스록(Nisroch)의 신전에서 예배하고 있을 때였어요. 아들 에살핫돈(Esarhaddon)이 와서 칼로 산헤립을 쳐 죽이고는 아라랏(Ararat) 땅으로 도망갔습니다. 그 후 에살핫돈이 앗수르의 왕이 되었지요.

라기스 부조
산헤립 궁전이 앗수르 제국의 마지막 수도인 니느웨에서 발굴되었다. 아래는 궁전 벽 부조다. 앗수르 왕 산헤립이 남 유다의 라기스를 점령하고 있다. 앗수르는 사르곤 2세와 산헤립 지휘 아래 강성해졌다.
대영 박물관 소장

예레미야가 선지자로 지명되다

여호와 하나님이 **예레미야**(Jeremiah)에게 찾아와 말했습니다.

"네가 태어나기 전에 나는 너를 알았다. 또한 네가 할 일을 준비했다. 나는 너를 선지자로 지명해 여러 나라로 보낼 것이다."

예레미야는 놀라 말했어요.

"오, 주 여호와여! 저는 사람들 앞에서 어떻게 말해야 할지 모릅니다. 저는 아직 어립니다."

"어리다고 말하지 마라. 너는 내가 보내면 누구에게든 가고, 내가 명령하면 어떤 말이라도 해야 한다. 사람을 두려워하지 마라. 내가 함께 하면서 너를 보호해 줄 것이다."

여호와 하나님은 손을 뻗어 예레미야의 입에 대고 말을 이었습니다.

"보아라. 나는 내 말을 네 입에 두었다. 내가 오늘 너를 지명해 온 나라와 온 왕국에 보내리라. 너로 하여금 나라와 왕국을 갈기갈기 찢고 무너뜨리고 멸망시키고 뒤집어엎겠다. 또한 나라와 왕국을 세우고 심겠노라."

여호와 하나님이 예레미야에게 물었어요.

"무엇이 보이느냐?"

예레미야가 답했지요.

"물이 끓고 있는 큰 솥이 보입니다. 솥이 북쪽으로 기울어져 있습니다."

"북쪽으로부터 재앙이 흘러넘쳐 온 땅에 퍼질 것이다. 내가 북쪽에 있는 모든 왕국의

「예레미야」
예레미야는 남 유다 왕국 말기에 활동한 선지자다. 「예레미야」의 주인공이다. 「예레미야 애가」의 저자라고 추정된다. 그림은 이탈리아 화가이자 조각가 미켈란젤로의 작품이다.
시스티나 성당 소장

솥 환상
당시 사람들은 '북쪽' 하면 바벨론, 스구디아 등을 떠올렸다. 주요 교통로들이 북쪽에 있었기 때문에 적이 북쪽에서 온다고 생각했다.

백성을 부르겠다. 북쪽 백성은 예루살렘 성문에 자신들의 보좌를 둘 것이다. 예루살렘의 성벽을 에워싸고 유다의 성을 모두 공격할 것이다. 이처럼 나는 예루살렘과 유다의 모든 성을 심판하리라. 예루살렘과 유다 사람들은 내게 충성하지 않고 다른 신에게 제물을 바치고 자신의 손으로 만든 우상에 예배하지 않았느냐?

예레미야야, 그러므로 단단히 준비하고 일어나 내가 명령한 것을 모두 전해라. 백성을 두려워하지 마라. 보아라. 오늘 내가 너를 요새가 된 성, 청동으로 만든 성벽같이 굳세게 할 것이다. 유다의 백성뿐 아니라 유다의 왕과 지도자들과 선지자들에게도 맞설 수 있게 할 것이다. 그들이 네게 덤비겠지만 너를 이길 수는 없으리라. 내가 함께하며 너를 지킬 것이기 때문이다."

「니느웨의 멸망」
영국 화가 존 마틴의 작품이다. 앗수르는 기원전 612년 수도 니느웨의 함락과 함께 멸망한다. 앗수르를 함락시킨 장본인은 바벨론 초대 왕 나보폴라사르다. 앗수르 멸망 당시 남 유다 왕은 요시야다.

진흙 속 진주, 유다 왕 요시야

히스기야의 뒤를 이어 므낫세와 아몬이
유다를 다스렸습니다. 아몬의 아들 요시야
(Josiah)는 8세 때 왕이 되어 31년간 예루살
렘에서 유다를 다스렸어요. 통치한 지 18
년째 되던 해에 요시야는 서기관인 사반
(Shaphan)에게 다음과 같이 명령하며 여호
와의 성전으로 보냈습니다.

**율법 책을 읽고 옷을 찢는
요시야**
요시야는 남 유다 왕국의 16대 왕
이다. 바벨론은 요시야 재위기에
앗수르로 이동하고 있었다. 붕괴
직전의 앗수르는 더 이상 남 유다
에 위협이 되지 못했다.

"대제사장 힐기야(Hilkiah)에게 가거라.
사람들이 여호와의 성전으로 가져온 돈, 즉 문지기가 사람들에게 받
은 돈을 세라. 그 돈을 여호와의 성전 공사를 맡은 감독관들에게 주면
된다. 감독관들에게는 그 돈으로 성전을 수리하라고 일러라. 여호와
의 성전에서 일하는 목수, 돌 쌓는 사람, 미장이에게 품삯을 주고 성전
을 수리하는 데 필요한 나무와 돌을 사면 될 것이다."

돈을 어떻게 썼는지는 보고할 필요가 없었습니다. 모두 정직하게
일했기 때문이지요.

수리가 한창일 때 대제사장 힐기야는 서기관 사반을 불러 말했습니다.

"내가 여호와의 성전에서 율법 책을 발견했소."

사반은 힐기야에게 책을 받아 읽었어요. 사반은 요시야에게 가서
보고했습니다.

"당신의 신하들이 성전에서 발견한 돈을 여호와의 성전에서 일하는
공사 감독관들에게 주었습니다. 또한 대제사장 힐기야가 책 한 권을
주었습니다."

「여선지자와 남선지자」
이탈리아 화가 안드레아 만테냐의
작품이다. 고대 메소포타미아에는
여선지자들이 있어 남선지자와 같
은 역할을 했다. '마리 문서'에서도
이 사실을 확인할 수 있다.
신시내티 미술관 소장

사반은 책을 요시야에게 읽어 주었
어요.

요시야는 율법 책의 내용을 듣고
자기 옷을 찢었습니다. 그러고는 대
제사장 힐기야, 사반의 아들 아히감
(Ahikam), 미가야의 아들 악볼(Acbor),
서기관 사반, 신하인 아사야(Asaiah)에
게 명령했어요.

"나와 모든 백성과 온 유다를 위해
여호와 하나님께 이 책에 대해 여쭈어
라. 여호와 하나님께서 우리에게 화가
나신 것이 분명하다. 우리 조상이 책
의 말씀을 듣지 않고 책의 명령에 따르지 않았기 때문이다."

힐기야와 아히감과 악볼은 예루살렘에 사는 **여자 선지자 훌다**
(Huldah)에게 가서 여호와 하나님의 뜻을 물어보았습니다. 훌다는 이
렇게 대답했지요.

"이스라엘의 하나님 여호와께서 이렇게 말씀하셨습니다. '너를 내
게 보낸 요시야에게 전해라. 나 여호와가 말한다. 내가 유다와 유다에
사는 사람들에게 재앙을 내리겠다. 이 모든 것은 유다 왕이 읽었던 책
에 적혀 있다. 하지만 내 뜻을 물으라고 너를 보낸 요시야에게 이 말도
전해라. 요시야가 내 앞에서 겸손한 모습을 보이고 죄를 뉘우치는 뜻
으로 슬피 울었으니 내가 요시야의 기도를 들어주겠다.'"

힐기야와 아히감과 악볼은 요시야에게 돌아가 여호와 하나님의 말

을 전해 주었습니다.

요시야의 명령으로 대제사장 힐기야, 힐기야 아래에 있는 제사장, 문지기들은 여호와 성전에 있던 바알과 가나안의 운명의 여신과 바벨론(Babylonia, 신바빌로니아)의 별의 신을 위한 물건들을 모두 성전 밖으로 끌어냈어요. 그러고서 그 물건들을 예루살렘 밖 기드론에 있는 석회 가마에 넣고 불태웠습니다. 재는 모두 벧엘로 가져갔지요. 또한 요시야는 우상을 숭배하는 제사장들을 쫓아냈어요. 쫓겨난 제사장들은 이전에 유다 왕들이 뽑아 놓은 사람들이었습니다. 제사장들은 지금까지 유다의 여러 성과 예루살렘 주위에 있던 신전에서 제사를 지내 왔어요. 바알과 해와 달에 제사를 지냈고 하늘의 행성과 모든 별에도 제사를 지냈지요.

요시야는 또 '힌놈의 아들(Ben Hinnom) 골짜기'에 있는 도벳(Topheth)을 무너뜨렸습니다. 이제 아무도 몰록에게 자기 아들이나 딸을 제물로 바칠 수 없었어요. 요시야는 여호와의 성전 입구에 놓아둔 말들도 모두 없앴습니다. 그 말들은 유다의 왕들이 태양을 섬기려고 가져다 놓은 것이었지요. 요시야는 태양을 섬길 때 쓰던 수레들도 다 태워 버렸어요. 유다 왕들이 만들어 놓은 지붕 위 제단도 산산조각 냈지요.

요시야는 바알을 섬기던 제단과 옛 신전도 파괴했습니다. 신전의 돌은 부서져 가루가 되었지요.

요시야는 백성에게 명령했어요.

"이 율법 책에서 명령한 대로 너희 하나님 여호와를 위해

느고 2세
요시야 시기 애굽 왕이다. 바벨론의 연대기에 따르면 느고 2세는 앗수르를 도와 바벨론에 맞섰다. 반면, 한 세기 이상 앗수르의 속국이었던 남 유다는 애굽과 다른 노선을 취한다.
브루클린 미술관 소장

「요시야의 죽음」
이탈리아 화가 안토니오 잔키의 작품이다. 요시야는 느고 2세와 므깃도 골짜기에서 싸우다 화살에 맞아 죽는다. 예레미야가 애가(哀歌)를 지어 불렀다. 「역대 하」 35장 20~25절의 이야기다.

유월절을 지켜라."

사사들이 이스라엘을 다스리던 때부터 이스라엘과 유다의 왕들이 나라를 다스리던 그때까지 유월절은 지켜진 적이 없었어요. 요시야 통치 18년째가 되어서야 예루살렘 사람들은 유월절을 지키기 시작했습니다.

요시야는 율법 책에 적혀 있는 대로 유다와 예루살렘에 있는 무당과 점쟁이, 우상과 온갖 악한 것들을 모두 없애 버렸어요. 이렇듯 온 마음과 온 영혼과 온 힘을 다해 여호와를 섬겼지요. 요시야는 모세의 율법을 정확히 따라 여호와를 섬긴 첫 번째 왕이었어요. 요시야와 같은 왕은 그 이후에 다시 나타나지 않았습니다.

예레미야의 두루마리

요시야의 아들 여호야김(Jehoiakim)이 왕이 된 지 4년째 되던 해, 여호와 하나님이 예레미야에게 전했습니다.

"두루마리를 가져다가 요시야 때부터 지금까지 예루살렘과 유다와 다른 나라에 관해 내가 말했던 것을 모두 적어라. 유다 백성이 두루마리를 읽고 내가 내릴 재앙을 모두 들으면 악한 길에서 되돌아 나올지도 모른다. 그러면 나는 그들의 허물과 죄를 용서할 것이다."

예레미야는 네리야의 아들 바룩(Baruch)을 불러 여호와 하나님에게 들은 말을 모두 전했어요. 바룩은 예레미야가 하는 말을 모두 두루마리에 적었지요. 예레미야는 바룩에게 명령했습니다.

"나는 지금 여호와의 성전에 갈 수 없다. 그러니 네가 금식일에 성전에 가서 내 명령대로 두루마리에 기록한 하나님의 말씀을 읽어라. 여러 성에서 온 유다 사람들 앞에서도 읽어야 할 것이다. 사람들이 여호와 하나님께 기도하고 악한 길에서 발길을 돌이킬지도 모른다."

바룩은 선지자 예레미야가 명령한 대로 기록한 여호와 하나님의 말을 여호와의 성전에서 읽었어요.

다음 해, 여러 성에 사는 유다 백성이 성전에서 금식일을 지키기 위해 예루살렘으로 모였어요. 바룩은 이때도 예레미야의 말을 적은 두루마리를 읽어 주었습니다.

「예레미야의 예언을 적는 바룩」
프랑스 화가 귀스타브 도레의 작품이다. 선지자를 통한 하나님의 말은 공적인 것이었으므로 주의 깊게 기록해야 했다. 따라서 바룩 같은 전문적인 기술을 보유한 서기관이 이 역할을 맡았다.

사반의 손자인 미가야도 이때 여호와 하나님의 말을 모두 듣고 왕궁으로 돌아갔어요. 왕궁에는 신하들이 모두 한자리에 모여 앉아 있었습니다. 미가야는 바룩이 사람들에게 읽어 준 두루마리 내용을 신하들에게 전부 말해 주었지요.

신하들은 느다냐의 아들 여후디(Jehudi)를 보내 바룩에게 다음과 같이 전했습니다. "당신이 온 백성에게 읽어 준 그 두루마리를 들고 우리를 찾아오시오." 바룩은 두루마리를 들고 신하들에게 갔어요. 신하들이 바룩에게 두루마리에 적힌 내용을 읽어 달라고 요청했지요. 바룩이 신하들에게 두루마리의 내용을 읽어 주니, 신하들은 "모두 여호야김 왕께 말씀드려야겠구나."라고 말하며 두려워했습니다. 신하들은 바룩에게 물었어요.

"말해 보시오. 이것을 전부 어떻게 기록했소?"

바룩이 대답했지요.

하나님의 말을 불에 태우는 여호야김
여호야김은 남 유다 왕국의 18대 왕이다. 여호야김은 애굽에 충성을 바쳤고 바벨론에 조공했다. 바벨론과 애굽이 싸웠을 때는 애굽 편을 들었다.

"예레미야께서 제게 이 모든 것을 말씀해 주셨습니다. 저는 불러 주신 내용을 두루마리에 적었을 뿐이지요."

"가서 예레미야와 함께 몸을 숨기시오. 아무도 당신들이 어디에 있는지 몰라야 하오."

신하들은 두루마리를 서기관 엘리사마(Elishama)의 방에 두었습니다. 그러고서 여호야김의 방으로 가 이 모든 이야기를 전했어요. 여호야김은 여후디를 보내 두루마리를 가져오도록 했지요. 여후디는 엘리사마의 방에서 가져온 두루마리의 내용을 여호야김 앞에서 읽었습니다. 신하들이 모두 곁에 서 있었어요.

여호야김은 겨울 별궁에 앉아 있었습니다. 여호야김 앞에는 불을 피워 놓은 난로가 있었지요. 여후디가 서너 단을 읽을 때마다 여호야김은 방금 읽은 부분을 종이 자르는 칼로 잘라 난로 안으로 던져 넣었습니다. 그렇게 모든 두루마리가 불에 타 버렸어요. 이런 일이 눈앞에서 일어나는데도 여호야김이나 곁에 서 있던 신하들 누구도 두려워하거나 옷을 찢지 않았습니다. 엘라단(Elnathan)과 들라야(Delaiah)와 그마랴(Gemariah)가 두루마리

를 태우지 말라고 간청했으나 여호야김은 듣지 않았어요. 오히려 여호야김은 자기 아들 여라므엘(Jerahmeel)과 아스리엘의 아들 스라야(Seraiah)와 압디엘의 아들 셀레먀(Shelemiah)를 보내 서기관 바룩과 선지자 예레미야를 붙잡아 들이라고 명령했지요. 하지만 여호와 하나님이 바룩과 예레미야를 숨겨 주었습니다.

예레미야는 서기관 바룩에게 자기가 한 말을 다른 두루마리에 다시 받아 적게 했어요. 유다의 왕 여호야김이 불태운 두루마리에 적혀 있던 말을 그대로 적었고 다른 말들도 추가로 많이 적었습니다.

두루마리를 든 예레미야
프랑스 모아사크 수도원 남쪽 문에 새겨진 부조다. 이스라엘을 포함한 메소포타미아 지역 사람들은 기원전 8세기부터 두루마리를 사용했다. 두루마리는 보통 파피루스 20장 정도를 붙여 만든 것이다.

타락한 유다 사람들에게 간절히 호소하다

여호와 하나님이 예레미야에게 명령했습니다.

"너는 여호와의 성전 문 앞에 서서 이렇게 외쳐라."

하나님은 예레미야에게 말을 전했고 예레미야는 성전 앞으로 가서 말했어요.

"하나님을 경배하러 이 문을 통과하는 유다의 백성이여, 모두 여호와 하나님의 말씀을 들으십시오."

그러고서 하나님이 한 말을 전했지요.

"하나님께서는 이렇게 말씀하셨습니다. '너희 길과 행실을 바꿔라. 그러면 내가 너희를 이곳에 살게 하겠다. 이것이 여호와의 성전이라고 하는 거짓말을 믿지 마라. 너희 길과 행실을 진실로 바꿔 이웃끼리 정직하게 살고, 너희 주변에 있는 외국인과 고아와 과부에게 잘못을 저지르지 않으며, 죄 없는 사람을 죽이거나 너희 삶을 망치는 다른 신을 따르지 않는다면 나는 너희를 이곳에 살게 하겠다. 이곳은 바로 내가 너희 조상에게 영원토록 준 땅이다.

하지만 지금 너희가 거짓말을 믿고 있으니 다 소용없는 일이다. 너희는 훔치고 죽이고 거짓말하고 바알에게 제물을 바치고 너희가 모르는 신을 섬기고 있지 않으냐? 너희는 내 이름으로 불리는 성전에서 내

실로
현재 키르벳 세일룬으로 불리는 실로는 에브라임 산지 중심부에 위치한다. 이스라엘 사람들이 성회를 예루살렘에서 열기 전에 이용한 장소다.

앞에 나와 부끄러운 행동을 하지 않았다고 말할 수 있느냐? 내 거룩한 이름으로 불리는 이 집이 너희 눈에는 도둑들의 소굴로 보이느냐?

실로에 있는 나의 성전으로 가거라. 실로는 예배를 받기 위해 내가 처음으로 선택한 마을이다. 내 백성 이스라엘의 죄 때문에 내가 실로를 어떻게 했는지 보아라. 너희는 온갖 악한 일을 저질렀다. 내가 자주 진정으로 너희에게 말했지만 너희는 내 말에 귀 기울이지 않았다. 너희를 불렀지만 너희는 듣지 않았다. 따라서 나는 내 이름으로 지은 성전을 부숴 버릴 것이다. 내가 너희 조상과 너희에게 준 이 성전, 내 이름으로 불리는 이 성전을 너희는 믿고 의지하지만, 나는 실로를 멸망시켰듯 이곳도 멸망시키겠다. 내가 너희의 친척들과 북부 이스라엘 사람들을 모두 쫓아냈듯 너희도 내 앞에서 쫓아낼 것이다.'"

예레미야가 여호와 하나님의 말을 모두 전하자 제사장들과 선지자들이 예레미야를 붙잡았습니다.

"너는 죽어 마땅하다. 감히 어디서 여호와의 뜻으로 이 성전이 실로의 성전처럼 되고 이 도시가 아무도 살 수 없을 만큼 황폐해진다 하느냐?"

여호와의 성전에 있던 모든 사람이 예레미야에게 몰려들었어요.

왕궁에 있던 유다의 관리들은 이 소식을 듣고 여호와의 성전으로 왔습니다. 왕궁 관리들은 성전의 새 문 입구에서 재판을 열었어요. 제

사장들과 선지자들은 관리들과 사람들에게 말했습니다.

"이자는 반드시 죽어야 합니다. 여러분이 직접 들었
듯이 이자는 예루살렘에 대해 좋지 않은 예언
을 했습니다."

예레미야가 말했어요.

"여러분이 들은 그 예언을 전하라 하신 분이
바로 여호와 하나님이오. 그러니 이제라도 길
과 행실을 바르게 하고 여러분의 하나님 여호
와의 말씀을 들으시오. 그러면 하나님도 여러
분에게 내리려 했던 재앙을 거두어들이실 것이
오. 나는 여러분의 손에 달려 있으니 여러분 마
음대로 하시오. 하지만 이것만은 꼭 기억하시
오. 나를 죽이면 이 성에 사는 사람들은 죄 없는
이를 죽인 죗값을 피하지 못합니다. 여호와 하나님께서 이 모든 말씀
을 전하라고 나를 보내셨기 때문이오."

관리들과 백성이 예레미야의 말을 듣고 제사장들과 선지자들에게
말했습니다.

"이 사람을 죽여서는 안 됩니다. 여호와 하나님께서 이 사람을 통해
우리에게 말씀을 주셨기 때문입니다."

그때 예루살렘의 장로 몇 명이 일어나 모여 있는 사람들에게 말했
어요.

"히스기야가 유다를 통치하던 때 미가(Micah)가 사람들에게 이렇게
예언했소."

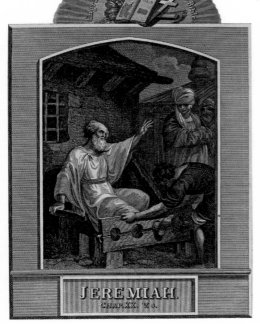

차꼬에서 풀려나는 예레미야
예레미야는 하나님의 심판에 대해
설교하다가 수많은 박해를 받았다.
매를 맞고 나무에 매달렸으며 우
물에 던져지기도 했다.

만군의 여호와 하나님께서 말씀하셨다.

"시온은 갈린 밭처럼 엎어지고

예루살렘은 폐허 더미가 될 것이다.

성전 언덕은 수풀만 무성할 것이다."

"히스기야와 유다 사람들이 미가를 죽였소? 오히려 여호와 하나님을 두려워해 하나님께 용서를 구하지 않았소? 그래서 여호와 하나님은 내리려고 했던 재앙을 거두신 것이오. 하지만 지금 우리가 하는 짓을 보시오. 자신을 스스로 엄청난 재앙에 빠뜨리고 있습니다."

「시드기야 눈앞에서
시드기야의 두 아들을 죽이는
느부갓네살」
남 유다는 시드기야 재위기인 기원전 586년에 느부갓네살의 바벨론 제국에 의해 멸망했다. 북 이스라엘 왕국은 기원전 721년에 앗수르에 의해 이미 멸망했다.

예루살렘의 슬픈 운명

예루살렘이 포위되었습니다. 시드기야(Zedekiah)가 여호야김을 이어 유다를 통치한 지 11년째 되던 해 넷째 달 19일에 일어난 일이지요. 바벨론의 공격으로 예루살렘 성벽에 구멍이 뚫렸고 뚫린 곳으로 바벨론의 왕자들이 모두 들어와 중문에 앉았어요. 시드기야와 유다 군대가 이 모습을 보고, 밤중에 왕의 정원 길을 따라 두 성벽 사이에 난 길로 몰래 도망쳤습니다. 그러고는 곧장 아라바(Arabah)로 갔어요. 하지만 바벨론 군대가 쫓아가 여리고 평야에서 시드기야를 붙잡았습니다. 시드기야는 하맛(Hamath) 땅 리블라(Riblah)에 있는 바벨론 왕 느부갓네살(Nebuchadnezzar, 네부카드네자르 2세)에게 끌려갔어요. 바벨론 왕은 시드기야가 보는 앞에서 시드기야의 아들을 죽이고 유다의 신하들도 모두 죽였습니다. 심지어 시드기야의 두 눈을 뽑았지요. 눈이 뽑힌 시드기야는 쇠사슬로 묶여 바벨론으로 호송되었습니다.

바벨론 왕 느부갓네살이 통치한 지 19년째 되던 해, 호위대장이자 왕궁 관리인인 느부사라단(Nebuzaradan)이 예루살렘으로 갔어요. 느부사라단은 예루살렘에 있는 여호와의 성전과 왕궁과 집들을 모두 불태웠습니다. 호위대장 휘하의 바벨론 군대는 예루살렘의 성벽을 무너뜨렸지요. 예루살렘 성안에 남아 있던 사람들과 바벨론 왕에게 항복한 사람들은 포로로 끌려갔습니다. 그 가운데 가장 천하고 가난한 사람들은 성에 남아 포도밭을 가꾸고 농사를 지었지요.

바벨론 군대는 여호와의 성전에 있는 놋기둥과 놋받침대, '놋바다'라 불리는 놋대야를 깨뜨리고 그 놋쇠 조각들을 바벨론으로 가져갔어요. 또한 성전에서 제사를 드릴 때 쓰는 솥, 삽, 부집게, 접시, 놋그릇도

시드기야 동굴
예루살렘에서 가장 큰 채석장이다. 「예레미야」 52장 7~8절을 보면 도 망치던 시드기야가 여리고 평지에서 바벨론군에게 잡히는 장면이 나온다. 이때 시드기야가 탈출로로 이 동굴을 이용했다.

가져갔지요. 호위대장 느부사라단은 화로와 금은으로 만든 대야도 녹여 가져가라고 명령했어요.

호위대장은 대제사장 스라야와 제사장 스바냐(Zephaniah)와 문지기 세 사람을 끌고 리블라에 있는 바벨론 왕에게 갔습니다. 바벨론 왕은 하맛 땅 리블라에서 그들을 죽였어요. 이처럼 유다 백성은 자기 고향에서 붙잡혀 포로로 끌려가는 신세가 되었지요.

느부갓네살은 사반의 손자인 그달리야(Gedaliah)를 유다 땅을 다스릴 총독으로 세웠습니다.

한편, 느부갓네살은 호위대장 느부사라단에게 예레미야에 대한 명령을 따로 내렸어요.

"예레미야를 잘 보호하고 그에게 어떤 해도 끼치지 마라. 무엇이든 예레미야가 말하는 대로 해 주어라."

느부사라단은 예레미야에게 말했습니다.

"당신 손에 묶인 쇠사슬을 풀어 주겠습니다. 이제 저와 함께 바벨론으로 가시는 것이 어떻겠습니까? 제가 당신을 보호해 드리겠습니다. 하지만 원치 않으면 가시지 않아도 됩니다. 대신 바벨론 왕이 유다를 다스리라고 임명한 그달리야가 있는 곳으로 가십시오. 그곳에서 당신의 백성과 함께 지내십시오. 그것도 싫으면 당신이 가고 싶은 곳으로 가십시오."

예레미야는 그달리야가 있는 미스바로 가기로 했어요. 호위대장은 예레미야에게 먹을 것과 선물을 주어 떠나보냈지요. 예레미야는 떠나온 땅으로 돌아가 자신의 백성과 함께 살았답니다.

고대 근동에서 전쟁 포로가 된 사람들은 어떤 형벌을 받았을까요?

고대 전쟁에서 포로가 된 사람들이 받는 형벌은 차마 말로 하기 힘들 정도로 잔인했습니다. 아이와 여자를 포함한 대부분의 사람들이 살해당했고, 살아남은 사람들은 가축과 다른 물건과 함께 전리품으로 끌려갔어요. 바벨론과 앗수르 군인은 포로의 발목을 밧줄이나 쇠사슬로 묶어 짧은 보폭으로 걷도록 했고, 가죽끈으로 연결한 갈고리를 포로의 혀나 턱에 꽂았습니다. 포로가 따라오지 못하면 군인은 가죽끈을 잡아당겼어요. 그러면 포로의 혀는 뿌리째 뽑히거나 턱이 찢어졌지요. 포로들은 이렇듯 적의 나라에 도착할 때까지 강행군을 계속해야 했어요. 잔인한 처우를 받는 것은 왕이나 관리도 예외가 아니었습니다. 시드기야 왕이 당한 것처럼 두 눈을 뽑기도 하고, 코나 입술을 꿴 고리를 달고 적의 나라로 끌려가 수모를 당한 후, 적국 왕의 전차를 끌기도 했어요. 적국은 포로 가운데 저항하거나 모반을 시도한 사람들의 손과 다리, 코와 귀를 잘랐습니다. 눈을 뽑고 혀를 찢기도 했지요. 더욱 심하게는 참수형을 하거나 항문부터 목까지 말뚝을 박는 형벌에 처했어요. 어떤 포로들은 가죽이 벗겨져 성벽에 걸리기도 했답니다. 앗수르 왕 사르곤 2세는 잡혀 온 포로들을 남녀노소 불문하고 자기 앞에 세우고, 군사들이 포로들의 머리를 자르면 나무에 걸게 했어요. 그런 후에 서기관들에게 그 수를 세게 했지요. 이처럼 고대 전쟁에서 포로가 되는 것은 죽는 것보다 더 큰 고통을 감수해야 하는 고행이었습니다.

사르곤 2세

7 포로 시대

　　남 유다 왕국을 정복한 바벨론 제국은 유다 사람들을 포로로 끌고 갔습니다. 유다 사람들은 바벨론 제국이 부강해지는 데 노동력을 제공했어요. 유다 사람들이 바벨론의 포로가 된 지 100년도 지나지 않아 성경에서 '바사 제국'이라고 부르는 페르시아 제국이 바벨론을 정복하게 됩니다. 그리하여 지중해 동쪽 세계의 패권은 바벨론에서 바사로 넘어가지요. 유다 사람들은 이 과정에서 바사의 포로가 돼요.

　　포로 시대에 다니엘 사건과 에스더 사건이 일어납니다. 유다 출신의 바벨론 총리 다니엘은 강직하고 충성스러워 여호와 하나님을 향한 신앙의 본보기가 되었어요. 유다 출신이었던 바사 왕후 에스더는 동족을 구원하기 위해 희생정신을 발휘했답니다.

　　바벨론 왕 느부갓네살이 유다 사람들을 포로로 잡아 온 것이 기억나지요? 하지만 바사 왕 고레스는 유다 사람들을 풀어 주었어요. 풀려난 유다 사람들은 고향인 가나안 땅으로 돌아가 무너진 성전과 예루살렘 성벽을 다시 쌓습니다.

　　유다 사람 스룹바벨과 예수아도 고향으로 돌아와 성전을 재건하는 일을 도왔어요. 재건이 중단되었을 때는 학개와 스가랴가 다시 힘을 내도록 사람들을 격려했지요. 제사장 에스라는 백성의 영적인 생활을 지도합니다. 몇 년 후에는 느헤미야가 고향으로 돌아와 예루살렘 성벽 재건을 지휘하지요. 느헤미야의 헌신적인 노력으로 성벽은 재건되었어요. 이로써 느헤미야는 무너진 유다 민족의 정신을 일으켜 세운 선지자로 주목받습니다.

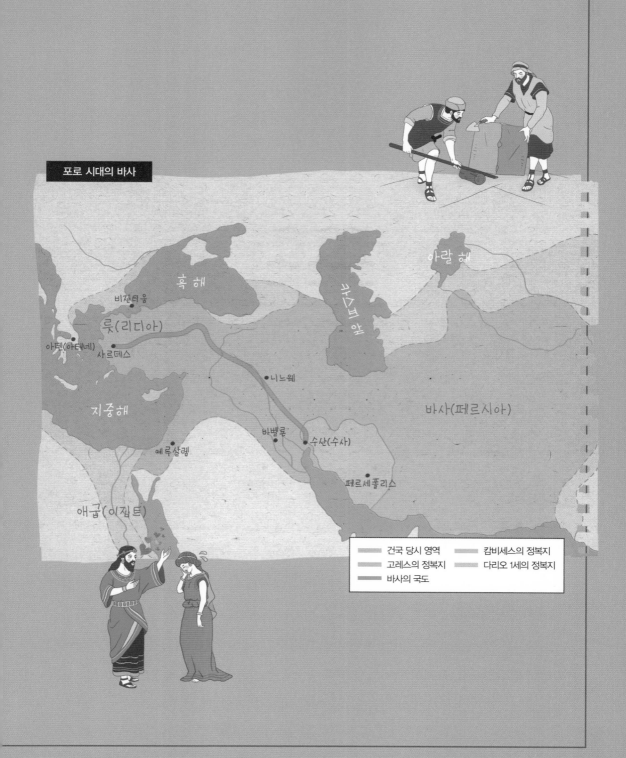

포로 시대의 바사

흑해

비잔티움

룻(리디아)

아덴(아테네)

사르데스

아랄해

카스피해

니느웨

바사(페르시아)

지중해

바벨론

수산(수사)

예루살렘

페르세폴리스

애굽(이집트)

건국 당시 영역	캄비세스의 정복지
고레스의 정복지	다리오 1세의 정복지
바사의 국도	

1 올곧은 포로들 | 다니엘과 세 친구

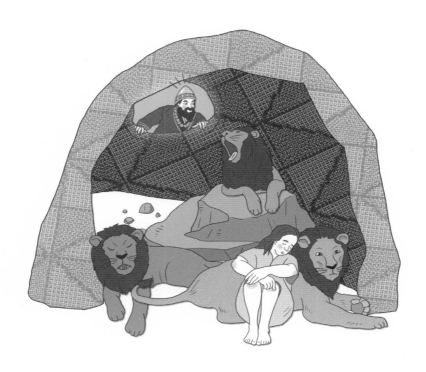

식민 지배를 받는 나라에서는 변절자들이 나오게 마련입니다. 일제 강점기의 친일파처럼 말이에요. 특히 좀 배웠다고 하는 사람들이 권력자에 빌붙는 경우가 많지요. 물론 끝까지 변함없는 태도로 자기 민족을 위해 싸우는 사람들도 있습니다. 다니엘이 존경받는 이유도 여기 있어요. 올곧은 성품의 다니엘은 한결같이 민족을 위해 애썼습니다. 다니엘은 학식과 지혜가 뛰어나 자기 나라인 이스라엘을 식민지로 삼은 제국에서 일하게 되었어요. 하지만 하나님을 향한 충성심에는 한 치의 흐트러짐도 없었지요. 불타는 용광로와 무시무시한 사자 굴도 다니엘을 이길 수 없었답니다.

- 너희 하나님은 참으로 모든 신들의 신이시요, 모든 왕의 주재시로다. (「다니엘」2:47)
- 우리가 섬기는 하나님이 계시다면 우리를 맹렬히 타는 풀무불 가운데에서 능히 건져 내시리다. (「다니엘」3:17)
- 사람의 손가락들이 나타나서 왕궁 촛대 맞은편 석회벽에 글자를 쓰는데 왕이 그 손가락을 본지라. (「다니엘」5:5)
- 살아 계시는 하나님의 종 다니엘아, 네가 항상 섬기는 네 하나님이 사자들에게서 능히 너를 구원하셨느냐. (「다니엘」6:20)

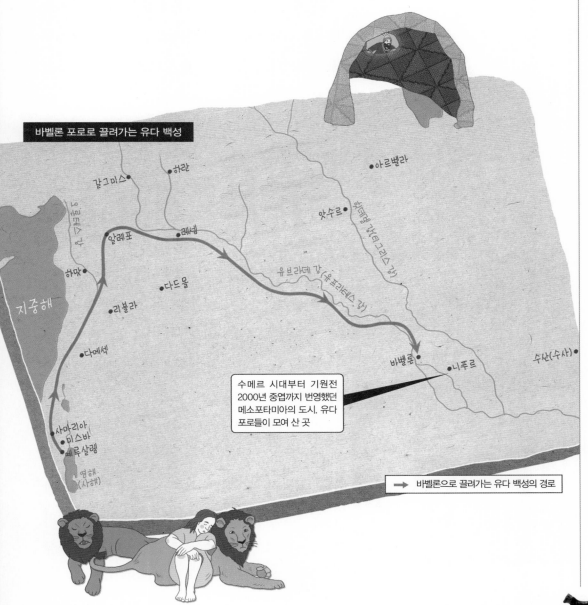

바벨론 포로로 끌려가는 유다 백성

지중해

갈그미스
하란
아르벨라

앗수르

유르테스 강
알레포
래셍

하맛
다드몰

유브라데 강 (유프라테스 강)

리블라

다메섹

바벨론
니푸르
수산(수사)

사마리아
미스바
예루살렘

염해
(사해)

수메르 시대부터 기원전 2000년 중엽까지 번영했던 메소포타미아의 도시. 유다 포로들이 모여 산 곳

→ 바벨론으로 끌려가는 유다 백성의 경로

유다 젊은이들이 바벨론 궁정에서 인정받다

바벨론 왕 느부갓네살은 환관장 아스부나스(Ashpenaz)에게 이스라엘의 왕족과 귀족 몇 명을 데려오라고 명령했습니다. 데려온 이스라엘 사람들은 건강하고 잘생긴 젊은이들이었어요. 교육을 많이 받아 배운 것을 빨리 익혔기 때문에 왕궁에서 왕을 모실 만했지요. 젊은이들은 바벨론의 문화와 언어를 배웠습니다. 바벨론 왕은 젊은이들에게 매일 왕의 음식과 포도주를 주었어요. 또한 자신을 수행하게 하려고 3년간 교육을 받게 했지요.

이 젊은이들 가운데 다니엘(Daniel), 하나냐(Hananiah), 미사엘(Mishael), 아사랴(Azariah)가 있었습니다. 환관장은 그들에게 다른 이름을 주었어요. 다니엘은 벨드사살(Belteshazzar), 하나냐는 사드락(Shadrach), 미사엘은 메삭(Meshach), 아사랴는 아벳느고(Abednego)로 불렀지요.

다니엘은 왕의 음식과 포도주로 자신을 더럽히지 않겠다고 마음먹었습니다. 그래서 환관장에게 자신을 더럽히지 말아 달라고 부탁했어요. 다행히 하나님이 도와 다니엘은 환관장의 호의와 동정을 얻을 수 있었답니다.

하지만 환관장은 걱정이 되어 다니엘에게 말했어요.

"나는 내 주인이신 왕이 두렵다. 왕께서 너희에게 먹을 것과 마실 것을 주시는데, 너희 얼굴이 다른 또래보다 안 좋아 보이면 어쩌느냐? 왕 앞

다니엘
「다니엘」의 주인공이다. 이사야, 예레미야, 에스겔과 함께 구약 시대 4대 선지자다. 다른 유다 사람들과 바벨론에 포로로 끌려왔다.
시스티나 성당 소장

에서 내 목숨이 위험해질 것이다."

환관장은 다니엘, 하나냐, 미사엘, 아사랴를 지키라고 감독관을 보냈습니다. 다니엘은 감독관에게 부탁했어요.

"저희에게 10일만 주십시오. 채소와 물만 먹어 보겠습니다. 10일 후에 저희를 왕의 음식을 먹은 사람들과 비교해 보십시오. 그리고 나서 마음대로 하셔도 좋습니다."

감독관은 다니엘의 요구대로 10일을 주었습니다. 10일 후에 보니 다니엘 일행은 왕의 음식을 먹은 젊은이들보다 얼굴빛도 더 좋고 살도 더 올랐어요. 감독관은 네 젊은이에게 왕의 음식과 포도주 대신 채소를 계속 주었습니다.

바벨론 유수
독일 화가 게브하르트 푸글의 작품이다. 남 유다 사람들이 세 번에 걸쳐 바벨론에 포로로 끌려간 사건을 바벨론 유수라 한다. 이때 예루살렘을 비롯한 유다의 도시가 모두 파괴되었다.

이슈타르 문 부조
유다 주민을 바벨론에 이주시킨 느부갓네살은 바벨론 제국의 2대 왕이다. 수도를 정비하고 성벽을 쌓는 등 바벨론을 부흥했다. 이슈타르 문은 수도에 있었던 8개의 성문 가운데 하나다.

하나님은 네 젊은이에게 지식과 학식과 지혜를 주었어요. 다니엘은 온갖 종류의 꿈을 해석할 수 있는 능력을 얻었지요.

느부갓네살이 명령한 3년간의 왕실 교육이 끝나고 환관장은 네 젊은이를 왕에게 데려갔습니다. 왕은 네 젊은이와 이야기를 나누어 보고 이들보다 뛰어난 젊은이가 없다는 사실을 깨달았어요. 그때부터 네 젊은이가 왕을 모시기 시작했지요. 왕은 모든 분야의 지식과 지혜에 관해 질문했고 네 젊은이는 답했습니다. 왕은 이내 다니엘, 하나냐, 미사엘, 아사랴가 온 왕국의 어떤 현자나 마술사보다 10배 이상 뛰어나다는 것을 알게 되었어요.

진실하고 믿을 만한 해몽가, 다니엘

왕이 된 지 2년이 되던 해에 느부갓네살은 꿈을 하나 꾸었습니다. 그 꿈 때문에 마음이 불편해 잠을 이루지 못했지요. 마침내 느부갓네살은 사람들을 보내 자신의 꿈을 풀어 줄 마술사와 현자와 점성가를 찾아오도록 했어요. 왕은 자신 앞에 선 마술사들과 현자들과 점성가들에게 말했습니다.

"내가 꿈을 꾸었는데 마음이 너무 답답하구나. 이 꿈이 무엇을 의미하는지 알고 싶다."

점성가가 왕에게 말했어요.

"왕이시여, 만수무강하시길 바랍니다! 종들에게 꿈의 내용을 말씀해 주시면 그 꿈을 풀어 드리겠습니다."

"내 말을 명심해라. 만일 너희가 꿈의 내용과 그 의미를 말하지 못하면 너희 몸은 토막 나고 너희 집은 잿더미가 될 것이다. 하지만 말할 수 있다면 선물과 큰 명예를 얻게 될 것이다. 그러니 어서 내가 꾼 꿈의 내용과 의미를 말해 보아라."

불려 온 꿈 전문가들은 또다시 말했습니다.

"왕이시여, 종들에게 꿈의 내용을 말씀해 주시면 저희가 그 꿈을 풀어 드리겠습니다."

"이제 보니 너희가 시간을 벌고 있구나. 나는 분명히 말했다. 꿈의 내용과 의미를 말하지 못하면 너희는 온갖 고통스러운 벌을 받을 것이다. 그런

마르둑
고대 바빌론의 주신(主神)이다. '태양의 아들'이라는 뜻이다. 벨이라고도 불린다. 우주를 창조하고, 신들의 거처를 짓고, 병을 치료한다. 마르둑 신앙은 알렉산드로스 대왕 시대까지 계속되었다.

데도 너희는 거짓말과 속임수로 시간을 끌며 이 상황을 무마하려 하는구나. 자, 내가 어떤 꿈을 꾸었는지 당장 말해 보아라. 꿈 내용을 말할 수 있다면 그 꿈을 풀 수도 있으리라."

느부갓네살의 첫 번째 꿈
연구자들은 꿈속 신상의 네 부위가 순서대로 바벨론, 메대, 바사, 그리스를 뜻한다고 본다. 바벨론, 바사, 그리스, 로마 순이라는 이견도 있다.

갈대아 사람인 점성가 한 명이 왕에게 나아가 말했어요.

"왕께서 아시고자 하는 것을 알려 드릴 수 있는 사람은 이 세상에 아무도 없습니다. 일찍이 위대하고 뛰어난 그 어떤 왕도 현자나 마술사나 점성가에게 이와 같은 것을 물어본 적이 없습니다. 왕께서 아시고자 하는 것은 너무 어렵습니다. 육체를 가진 인간과 함께 살지 않는 신이 아니고서야 왕께 답할 수 없습니다."

느부갓네살은 점성가의 말을 듣고 너무 화가 나서 바벨론에 있는 현자들을 모두 죽이라고 명령했습니다.

명령이 떨어지자 현자들은 모두 죽게 되었어요. 사람들은 다니엘과 다니엘의 친구들도 죽이려고 찾아다녔지요. 다니엘은 바벨론의 현자들을 죽이러 온 호위대장 아리옥(Arioch)에게 지혜롭게 물어보았습니다.

"왕께서 이리 끔찍한 명령을 내린 까닭이 무엇입니까?"

아리옥이 다니엘에게 사실을 이야기해 주자, 다니엘은 시간만 준다면 왕의 꿈을 풀어 주겠다고 설득했어요.

다니엘은 자기 집으로 가서 하나냐와 미사엘과 아사랴에게 이 소식을 전해 주었습니다. 네 젊은이는 하나님에게 기도했어요. 하나님이 비밀을 알려 주어 자신들이 바벨론의 다른 현자들처럼 죽지 않게 해 달라고 간절히 청했지요. 그날 밤, 다니엘은 환상을 통해 비밀을 알게 되었습니다. 다니엘은 하나님을 찬양했어요.

느부갓네살의 두 번째 꿈
느부갓네살은 다른 꿈도 꿨다. 꿈 속에서 나무 한 그루가 아름답게 자라 여기에 온갖 동물이 깃든다. 하지만 거룩한 자가 나타나 나무를 벤다. 「다니엘」 4장의 내용이다.

하나님의 이름을 찬양하라.
영원부터 영원까지 찬양하라!
지혜와 능력은 하나님의 것이니
그분이 지혜자에게는 지혜를
총명한 사람에게는 지식을 주시네.
하나님은 깊이 감추어진 비밀을 밝히시고
어둠 속에 감추어진 것을 보여 주시네.
진리의 빛이 하나님께 머무니
내가 감사와 찬양을 올리리라.
주는 내게 지혜와 능력을 주셨다.
우리가 주께 구한 대로 알려 주셨다.
주는 왕의 비밀을 우리에게 알리셨다!

다니엘은 찬양을 마치고 현자들을 죽이라는 명령을 받은 아리옥에게 가서 말했습니다.
"바벨론의 현자들을 죽이지 마십시오. 저를 왕께 데려가 주시면 왕의 꿈을 풀어 드리겠습니다."

「느붓갓네살의 첫 번째 꿈을
해석하는 다니엘」
이탈리아 화가 마티아 프레티의
작품이다. 다니엘을 느붓갓네살 앞
으로 데려간 아리옥의 직책은 왕
의 근위 대장이다. 예루살렘을 파
괴하는 일을 맡았던 사람의 직책
도 근위 대장이다.

아리옥은 급히 다니엘을 왕에게 데려갔어요.

"유다의 포로 가운데 왕의 꿈을 풀어 줄 수 있는 사람을 찾았습니다."

왕은 다니엘에게 물었습니다.

"너는 내가 꾼 꿈이 무엇인지 아느냐? 그 꿈이 무엇을 의미하는지
말할 수 있느냐?"

다니엘이 대답했지요.

"왕께서 물어보신 것은 현자나 마술사나 점성가가 알려 줄 수 없는
것입니다. 오직 하늘에 계신 하나님만이 그 비밀을 알려 주실 수 있습
니다. 하나님은 앞으로 당신에게 일어날 일들을 꿈을 통해 보여 주셨
습니다.

당신이 잠자리에서 꾸신 꿈과 환상은 다음과 같습니다. 왕이시여,
당신은 꿈에서 커다란 신상을 보셨습니다. 그 신상은 당신 앞에 서 있

었는데 크기가 어마어마했고 대단히 번쩍거렸으며 무시무시했습니다. 신상의 머리는 순금이고 가슴과 팔은 은이며 몸통과 넓적다리는 놋쇠고 다리는 쇠였습니다. 발은 반은 쇠, 반은 진흙이었지요. 당신이 신상을 보고 있을 때 아무도 던지지 않은 돌이 날아와 쇠와 진흙으로 된 신상의 발을 쳐서 산산조각 냈습니다. 곧이어 신상의 쇠, 진흙, 놋쇠, 은, 금이 모두 여름날 타작마당에 있는 겨처럼 잘게 부서지고 말았습니다. 부서진 신상은 바람에 날려 자리에는 아무것도 남지 않았지요. 얼마 있지 않아 신상을 쳤던 돌은 커다란 산이 되어 온 땅을 덮었습니다.

이것이 당신이 꾼 꿈의 내용입니다. 이제 그 꿈의 의미가 무엇인지 말씀드리겠습니다. 왕이시여, 당신은 세상 모든 왕의 왕이십니다. 하나님은 당신에게 통치권과 능력과 권세와 영광을 주셨지요. 주님은 온 땅의 사람들과 들짐승들과 새들까지도 당신에게 주어 그 모든 것을 다스리게 하셨습니다. 왕이 바로 순금으로 된 머리입니다.

당신의 나라를 이어 다른 왕국이 일어나지만 당신의 나라만큼 강하지는 않습니다. 그다음에 등장하는 놋쇠로 된 세 번째 왕국이 온 땅을 다스릴 것입니다. 네 번째 왕국은 쇠처럼 강합니다. 쇠는 모든 것을 부수고 산산조각 냅니다. 쇠가 모든 것을 으스러뜨리듯 네 번째 왕국은 다른 나라들을 부수고 깨뜨릴 것입니다. 당신은 진흙과 쇠가 섞인 발과 발가락도 보셨습니다. 이처럼 쇠의 왕국은 분열할 것입니다. 하지

아스글론에서 발굴된 은 도금된 송아지 입상
청동에 금이나 은을 입힌 기원전 2000년대의 신상이 많이 발굴되었다. 신상에는 대부분 옷을 입혔기 때문에 옷 밖으로 보이는 머리, 팔 등에 금과 은을 입히는 경우가 일반적이었다.

만 진흙 섞인 쇠처럼 쇠와 같은 힘이 여전히 남아 있습니다. 발과 발가락이 일부는 쇠, 일부는 진흙이듯 이 왕국도 일부는 강하고 일부는 무너질 것입니다. 쇠와 진흙이 섞여 있는 것처럼 지배자들은 서로 정략결혼을 하지만 쇠와 진흙이 서로 달라붙지 않듯 하나로 뭉치지는 않습니다.

이 왕들의 시대에 하늘에 계신 하나님께서 한 왕국을 세우실 것입니다. 이 왕국은 절대 멸망하지 않을 것이고 다른 백성에게 넘어가지도 않을 것입니다. 오히려 다른 나라를 모두 멸망시킬 것이고 영원히 서 있을 것입니다. 당신은 아무도 던지지 않은 돌이 산에서 날아와 쇠, 진흙, 놋쇠, 은, 금을 모두 산산조각 내는 것을 보지 않았습니까?

위대한 하나님께서 당신에게 일어날 일을 보여 주셨습니다. 제가 말씀드린 꿈 내용과 풀이는 진실하고 믿을 만합니다."

다니엘의 꿈풀이를 들은 느부갓네살은 다니엘에게 엎드려 절했습니다. 또한 사람들에게 명령해 제사에 필요한 예물과 향품(香品)을 다니엘에게 주었어요. 왕이 말했습니다.

"네 하나님은 모든 신 가운데 진정 하나님이시며 모든 왕 가운데 참 주님이시다. 그대가 위대한 비밀을 말해 주었으니 과연 하나님은 자신의 비밀을 종에게 알려 주는 분이시다."

느부갓네살은 다니엘에게 높은 관직과 많은 선물을 내렸습니다. 또한 온 바벨론의 통치자로 세우고 모든 현자의 지도자로 삼았어요. 그리고 다니엘의 요청에 따라 하나냐와 미사엘과 아사랴, 즉 사드락, 메삭, 아벳느고에게 바벨론의 지방을 주어 다스리게 했지요. 다니엘은 계속 왕의 궁전에 머물렀습니다.

「수산나의 목욕」
네덜란드 화가 렘브란트의 작품이다. 다니엘이 아직 소년이었을 때 누명을 쓴 유다 여인 수산나의 억울함을 풀어 준 일이 있다. 셰익스피어는 이 사건을 염두에 두고 "명재판관 다니엘이 다시 왔다."라고 『베니스의 상인』에 썼다. 「수산나」는 외경의 책이다.
마우리트하위스 왕립 미술관 소장

외경
외경은 '70인역' 그리스어 성경에는 있지만 히브리어 성경에는 없어 정경에서 제외된 문서들이다. 개신교는 외경, 가톨릭은 '제2 경전'이라 부른다.

용광로 속에서 머리칼 하나 타지 않다

느부갓네살은 금 신상을 만들었습니다. 높이는 27m, 너비는 3m 정도 되었어요. 신상은 바벨론의 두라(Dura) 평원에 세워졌지요. 왕은 지방 관, 충독, 재판관, 재무관, 그 밖에 지방의 관리를 모두 불렀습니다. 모두 느부갓네살이 세운 금 신상 앞에 모였어요.

전령이 큰 소리로 외쳤습니다.

"모든 나라와 백성아, 너희에게 내리는 왕의 명령이다. 나팔, 피리, 수금, 삼현금, 양금, 그 밖에 어떤 종류의 악기가 울리더라도 너희는 금 신상 앞에 엎드려 절하고 경배해야 한다. 엎드려 절하지 않는 사람이 있으면 활활 불타오르는 용광로 속에 집어넣을 것이다."

사람들은 모두 전령의 말을 따랐어요. 나팔, 피리, 수금, 삼현금, 양금, 그 밖의 악기 소리를 들으면 느부갓네살이 세운 금 신상 앞에 엎드려 절하고 경배했습니다.

그때 갈대아 사람이 왕에게 와서 유다 사람들을 고발했어요.

"왕이시여, 만수무강하시길 바랍니다! 나팔, 피리, 수금, 삼현금, 양금, 그 밖의 악기 소리를 들으면 금 신상 앞에 엎드려 절하고 경배하라 왕께서 명령하셨습니다. 엎드려 절하지 않는 자는 활활 타는 용광로 속에 집어넣을 것이라 하셨지요. 그런데 이 유다 사람들을 보십시오. 왕께서 바벨론 지방을 맡아 다

「사드락과 메삭과 아벳느고」 영국 화가 시메온 솔로몬의 작품이다. 느부갓네살은 세 친구에게 마르둑에게 절하길 강요했을 것이다. 고대 근동에서 마르둑은 바알과 함께 여호와 하나님의 주된 경쟁자였다.

스리라고 임명한 사드락과 메삭과 아벳느고 말입니다. 이자들은 왕의 명령에 복종하지 않았습니다. 왕의 신들을 섬기지 않고 왕께서 세운 금 신상에도 절하지 않았습니다."

느부갓네살은 크게 화를 내며 사드락과 메삭과 아벳느고를 끌고 오라고 명령했습니다. 세 친구가 왕 앞에 서자 왕이 말했어요.

"사드락과 메삭과 아벳느고여, 너희가 나의 신을 섬기지 않고 내가 세운 금 신상에 절하지 않았다는 게 사실이냐? 지금이라도 나팔, 피리, 수금, 삼현금, 양금, 그 밖의 악기 소리를 듣고 내가 만든 신상에 절하고 경배해라. 절하지 않는다면 너희를 활활 타오르는 용광로 속에 집어넣을 것이다. 내 손에서 너희를 구해 줄 신이 있겠느냐?"

사드락과 메삭과 아벳느고가 대답했습니다.

"왕이시여, 저희는 당신의 말씀에 대답할 이유가 없습니다. 저희가 예배하는 하나님은 불타는 용광로에서 저희를 구해 주실 것입니다. 하지만 왕이시여, 하나님이 구해 주시지 않는다 해도 저희는 당신의 신들을 섬길 수 없고 금 신상에 절할 수도 없습니다."

느부갓네살은 이 말을 듣고 매우 화가 나서 얼굴색마저 변했어요. 왕은 용광로를 평소보다 일곱 배 더 뜨겁게 하라고 명령했습니다. 또한 힘센 사람 몇 명을 불러 세 친구를 묶은 후 불타는 용광로 속에 넣으라고 했지요. 사드락과 메삭과 아벳느고는 묶여 용광로에 던져졌습니다. 왕이 일을 몰아친 데다 용광로가 아주 뜨거워 세 친구를 붙잡고 있던 사람들은 화염에 불타 죽고 말았어요. 하지만 세 친구는 묶인 채

「불타는 용광로」
영국 화가 조지 존스의 작품이다. 용광로, 즉 풀무는 금속을 가공하거나 도자기나 건축용 벽돌을 구울 때 사용했다. 고대의 풀무는 진흙이나 벽돌
벽으로 둘러싸여 있고 통풍을 위한 문이 나 있었다. 아마도 본문의 풀무는 신상을 제작하기 위해 설치되었을 가능성이 크다.
테이트 브리튼 갤러리 소장

용광로 한가운데에 쓰러졌을 뿐 온전한 모습이었습니다.

느부갓네살은 벌떡 일어나 보좌관들에게 물었어요.

"우리가 세 친구를 묶어서 불 속에 던지지 않았느냐?"

"왕이시여, 맞습니다."

"그런데 어찌 된 일이냐? 지금 **용광로**에 네 사람이 보인다. 묶여 있지도 않고 불 가운데를 걸어 다니기까지 한다. 다친 데도 없어 보이는구나. 저 가운데 한 사람은 마치 천사처럼 보인다."

느부갓네살은 그제야 활활 타는 용광로 입구로 가서 말했습니다.

"가장 높으신 하나님의 종 사드락과 메삭과 아벳느고야, 나오너라."

사드락과 메삭과 아벳느고가 용광로 밖으로 나왔어요. 세 친구의 머리와 머리칼에는 그을린 흔적이 없고 옷도 탄 곳이 없었으며 불에 탄 냄새조차 나지 않았습니다. 그 자리에 있던 지방관들, 총독들, 보좌관들이 이 모습을 지켜보았지요. 느부갓네살이 말했습니다.

"사드락과 메삭과 아벳느고의 하나님을 찬양해라. 그분은 천사를 보내 당신의 종을 구해 주셨다. 주님을 신뢰해 왕의 명령을 거부하고 자신의 몸을 던진 종들을 구해 주셨다. 세 친구는 자기 신이 아닌 다른 신에게는 절대 절하지 않았다.

내가 모든 백성과 나라와 민족에게 명령한다. 사드락과 메삭과 아벳느고의 하나님에 대해 경솔히 말하는 자는 몸이 찢어질 것이고, 그자의 집은 잿더미가 될 것이다. 자기를 믿는 사람을 이처럼 구원할 수 있는 신은 없다."

느부갓네살은 사드락과 메삭과 아벳느고에게 더 높은 자리를 주어 바벨론 지방을 다스리게 했습니다.

움직이는 손가락이 바벨론의 최후를 예언하다

바벨론 왕 **벨사살**(Belshazzar)은 귀한 손님 1,000명을 불러 성대한 잔치를 베풀었습니다. 그러고는 손님들과 함께 포도주를 마셨지요. 술기운이 어느 정도 오르자 왕은 명령을 내려 자기 아버지 느부갓네살이 예루살렘 성전에서 빼내 온 금잔과 은잔을 가져오게 했습니다. 왕과 귀한 손님들, 왕비들과 후궁들이 그 잔으로 술을 마시기 위해서였지요. 예루살렘 성전에서 가져온 금잔이 도착했어요. 왕과 귀한 손님들, 왕비들과 후궁들은 그 잔으로 술을 마셨습니다. 술을 마시면서 금과 은과 놋쇠와 쇠와 나무와 돌로 만든 신들을 찬양했어요.

바로 그때 사람의 손가락이 나타나 촛대 맞은편 왕궁 석고 벽에 글씨를 썼습니다. 왕이 이 광경을 목격했어요.

벨사살은 공포에 사로잡혀 얼굴이 창백해졌습니다. 다리가 후들거려 무릎이 서로 부딪쳤지요. 왕은 급히 바벨론의 마술사와 점성가와

「벨사살의 잔치」
고대 사람들은 제의 그릇을 성물이라 생각해 중요시했다. 연구자들은 이 때문에 바벨론이 전리품인 예루살렘 성전 그릇들을 녹이지 않고 보존했다고 생각한다.
에르미타슈 미술관 소장

현자들을 불러들였어요.

"내게 이 글을 읽어 주고 뜻을 풀어 주는 자에게는 자주색 옷을 입히고 목에는 금 사슬을 걸어 줄 것이다. 또한 이 왕국의 셋째 가는 지도자로 세우리라."

왕의 현자들이 모두 왔지만 글씨를 읽거나 뜻을 풀 수 있는 사람은 없었습니다. 왕은 더 두려워졌고 얼굴도 더 창백해졌어요. 손님들 역시 혼란에 빠졌지요.

왕과 손님들이 소리 지르는 것을 듣고 왕의 어머니가 연회장으로

글씨를 쓰는 손가락
네덜란드 화가 렘브란트의 「벨사살의 찬치」다. 벨사살은 바벨론의 마지막 왕 나보니두스와 함께 나라를 다스린 왕이다. 나보니두스의 아들로 알려져 있으나 확실하지는 않다.

들어왔습니다.

"왕이시여, 만수무강하시길 바랍니다. 두려워하지 마시고 얼굴에서
근심을 떨치십시오. 당신의 나라에 거룩한 신의 영을 받은 사람이 있
습니다. 당신의 아버지 때에 그 사람은 영리하고 총명해 신의 지혜를
가진 자로 알려졌습니다. 그 사람 다니엘을 부르세요. 다니엘이 글씨
의 의미를 알려 줄 것입니다."

다니엘은 부름을 받고 벨사살에게 왔어요. 왕이 다니엘에게 말했지요.

"그대가 다니엘인가? 내 아버지가 유다에서 데려온 포로인가? 나는
신들의 영이 그대에게 있다고 들었다. 그래서 그대가 영리하고 총명
하며 지혜도 뛰어나다지? 다니엘이여, 이 글씨를 보아라. 현자들과 마
술사들이 내 앞에 불려 나와 노력했지만 이 글씨를 읽지도, 뜻을 풀지
도 못했다. 하지만 그대는 어려운 꿈 내용도 잘 말하고 뜻도 잘 풀 수
있다. 그러니 저 글씨를 읽고 내게 그 뜻을 알려 주어라. 그렇게만 해

준다면 내가 그대에게 자주색 옷을 입히고 목에는 금 사슬을 걸어 줄 것이다. 또한 왕국의 셋째 가는 지도자로 세우리라.”

다니엘이 대답했습니다.

“선물을 그대로 두시고 상도 다른 사람에게 주십시오. 선물이나 상 없이도 글씨를 읽고 풀어 드리겠습니다. 왕이시여, 가장 높으신 하나님께서 당신의 아버지 느부갓네살에게 권세와 영광과 존엄을 주셨습니다. 하나님이 당신의 아버지에게 주신 권세에 백성과 나라와 민족이 모두 두려워 떨었습니다. 느부갓네살은 마음대로 사람을 죽이기도 살리기도 했고 높이기도 낮추기도 했습니다. 교만해진 느부갓네살은 결국 왕좌에서 쫓겨나고 영광도 빼앗겼습니다. 쫓겨난 왕은 마음이

「느부갓네살」
들짐승 같은 느부갓네살의 모습이 「다니엘」 4장에 자세히 묘사되어 있다. 머리털은 독수리 털, 손톱은 새 발톱을 하고, 풀을 먹으며 이슬에 젖어 지냈다. 그림은 영국 시인이자 화가 윌리엄 블레이크의 작품이다.
미네아폴리스 미술관 소장

들짐승처럼 되어 야생 나귀들과 함께 소처럼 풀을 먹으며 살았습니다. 몸은 하늘에서 내린 이슬로 젖었습니다. 그러다가 비로소 가장 높으신 하나님께서 인간의 나라를 다스리시며 원하는 사람에게 나라를 주어 다스리게 하신다는 것을 깨달았습니다.

하지만 느부갓네살의 아드님이신 벨사살 왕이시여, 당신은 이 모든 것을 알면서도 겸손해지지 않았습니다. 오히려 자신을 높여 하늘의 주님을 거역했습니다. 여호와의 성전에서 잔을 가져다 당신과 손님들, 왕비들과 후궁들은 술을 마셨습니다. 금과 은과 놋쇠와 쇠와 나무와 돌로 만든 신들을 찬양했습니다. 당신들이 찬양한 신들은 보지도 듣지도 못하는데 말입니다. 반면, 당신은 당신의 생명과 당신이 하는 일을 모두 주관하시는 하나님을 찬양하지 않았습니다.

「바벨론의 멸망」
영국 화가 존 마틴의 작품이다. 바벨론, 즉 신바빌로니아는 바사 제국에 기원전 539년에 멸망한다. 성경학자들에 따르면 벨사살의 잔치역시 539년 10월에 열렸다. 멸망직전의 마지막 잔치였을 것이다.

「다니엘」은 신비를 계시하는 문학인 묵시 문학이다. 「다니엘」 7장에 나오는 '네 짐승 환상'이 유명하다. 꿈에서 다니엘 앞에 날개, 뿔 등을 가진 괴상한 짐승들이 나타난다. 그 가운데 한 짐승이 다니엘에게 수수께끼 같은 말을 건넨다.

그래서 하나님은 왕에게 손을 보내 이렇게 쓰신 것입니다."

메네, 데겔, 바르신(MENE, TEKEL, PARSIN)

"뜻은 이렇습니다. '메네'는 하나님께서 이 나라의 수명을 세어 그 끝을 정하셨다는 뜻입니다. '데겔'은 당신을 저울에 달았는데 무게가 부족하다는 뜻입니다. '바르신'은 당신의 나라가 둘로 나뉘어 메대(Mede, 메디아) 사람과 바사(Persia, 페르시아) 사람에게 넘어간다는 뜻입니다."

벨사살은 풀이를 다 듣고 명령을 내려 다니엘에게 자주색 옷을 입히고 목에는 금 사슬을 걸어 주었어요. 또한 다니엘을 왕국의 셋째 가는 지도자로 선포했지요. 하지만 바벨론 왕 벨사살은 그날 밤에 살해당했습니다. 메대 사람 다리오(Darius)가 왕국을 이어받았지요.

사자 굴에 들어간 다니엘

다리오는 총독 120명을 세워 왕국 전체를 다스리고자 했습니다. 총독 위에는 총리 세 명이 있었고 다니엘은 그 가운데 하나였어요. 다리오는 나라 전체를 두루 살피기 위해 총독들이 총리들에게 나라 상황을 보고하게 했습니다. 다니엘은 총명한 영을 가져 다른 총리나 총독보다 뛰어났어요. 다리오는 다니엘에게 왕국 전체를 맡기려고 했습니다.

총리들과 총독들은 다니엘을 질투했어요. 다니엘을 고발하려고 그가 의무를 다하지 않은 것이 없나 찾아보았지요. 하지만 다니엘은 충실한 사람이었기 때문에 어떤 실수나 잘못도 저지르지 않았습니다. 총리들과 총독들은 고발할 어떤 근거도 찾지 못했지요.

"하나님의 율법과 관련해 죄를 찾지 않으면 다니엘을 고발할 수 없

메대군과 바사군
바사 왕 다리오 1세의 공식 접견실인 아파다니 궁전 홀의 부조다. 페르세폴리스에 위치한다. 장화를 신고 둥근 모자를 쓴 이들이 메대군, 그 밖의 사람들이 바사군이다.

을 것이오."

총리들과 총독들은 모두 다리오에게 가서 말했습니다.

"다리오 왕이시여, 만수무강하시길 바랍니다. 총리들과 보좌관들과 총독들, 재판관들과 지휘관들이 함께 의논해 보았습니다. 저희는 왕께서 한 가지 법을 세우고 그 법을 엄격하게 시행하시길 바랍니다. 왕이 아닌 신이나 사람에게 30일간 기도하는 사람을 사자 굴에 넣으십시오. 왕이시여, 명령을 내려 이 법에 도장을 찍으십시오. 메대와 바사의 법처럼 이 법도 고치지 못하게 하십시오."

다리오는 그 법을 통과하고 시행했어요.

다니엘은 새 법이 통과되었다는 소식을 듣고 집으로 갔습니다. 방 창문들은 예루살렘을 향해 열려 있었어요. 다니엘은 언제나처럼 하루에 세 번 무릎 꿇고 기도하면서 하나님이 한 일에 감사를 드렸지요. 그때 지나가던 왕의 신하들이 다니엘이 하나님에게 기도하는 모습을 보고 왕 앞에 나아가 말했습니다.

"왕께서 법에 도장을 찍지 않으셨습니까? 왕이 아닌 신이나 사람에게 30일간 기도하는 사람을 사자 굴에 넣겠다고 하지 않으셨습니까?"

다리오가 대답했어요.

"그 법은 메대와 바사 법에 따라 정해진 것이다. 그러니 절대 고칠 수

고레스
바사 왕 키루스 2세가 성경의 고레스다. 성경에서는 메대와 바사를 크게 구분하지 않는다. 실제로 고레스가 메대를 바사 제국으로 흡수했다.

없다."

"유다에서 끌려온 포로인 다니엘이 왕께서 세운 법을 무시했습니다. 다니엘은 하루에 세 번 자기 하나님에게 기도합니다."

다리오는 이 말을 듣고 매우 괴로웠어요. 다니엘을 구하기 위해 해 질 무렵까지 백방으로 애를 썼지요. 신하들이 다시 와서 주장했습니다.

"왕이시여, 기억하십시오. 메대와 바사 법에 따르면 왕이 정한 법이나 명령은 다시 고칠 수 없습니다."

다리오는 어쩔 수 없이 명령을 내려 다니엘을 사자 굴에 넣도록 했어요. 왕이 끌려온 다니엘에게 말했습니다. "네가 늘 섬기는 하나님이 너를 구하시길 바란다." 신하들은 다니엘이 있는 사자 굴 입구를 바위로 막았어요. 왕은 바위를 아무도 옮기지 못하도록 왕과 신하들의 도장을 바위에 찍었습니다. 왕궁으로 돌아간 왕은 괴로운 마음에 아무것도 입에 대지 않고 밤을 지새웠어요.

다음 날 아침, 다리오는 날이 밝자마자 서둘러 사자 굴로 갔습니다. 다니엘은 아직 살아 있었어요. 왕은 목멘 소리로 물었지요.

"오, 다니엘이여. 살아 계신 하나님의 종이여. 네가 항상 섬기는 하나님께서 너를 사자 굴에서 구해 주셨느냐?"

다니엘이 왕에게 말했습니다.

"왕이시여, 만수무강하시길 바랍니다. 제 하나님께서 보내신 천사가 사자들의 입을 막아 사자들이 저를 해치지 못했습니다. 하나님이 보시기에 제게는 죄가 없기 때문입니다. 당신 앞에서도 마찬가지입니다. 왕이시여, 저는 당신께 잘못한 것이 없습니다."

왕은 매우 기뻐하며 다니엘을 굴에서 꺼내라고 명령했어요. 굴에서 나온 다니엘의 몸에는 상처가 하나도 없었습니다. 다니엘이 자기 하나님을 믿었기 때문이지요.

그 후 다리오는 다니엘을 고발한 사람들을 모두 잡아 사자 굴에 집어넣었습니다.

왕은 온 백성과 나라와 민족에게 조서(詔書, 왕의 명령을 백성에게 알릴 목적으로 적는 문서)를 내렸습니다.

"내 백성에게 평화가 넘치길 바란다! 내가 온 나라에 새로운 법을 내린다. 너희는 모두 다니엘의 하나님을 두려운 마음으로 섬겨야 한다. 그분은 살아 계신 하나님이며 영원하신 분이시다. 그분의 왕국은 절대 멸망하지 않을 것이고 그분의 통치는 영원할 것이다. 하나님은 당신의 백성을 구원하시고 건져 내신다. 또한 하늘과 땅에서 놀라운 기적을 베푸신다. 그분이 바로 다니엘을 사자의 입에서 구해 주신 하나님이다."

다니엘은 다리오가 다스리는 동안 행복하게 잘 살았어요.

다니엘 묘
다니엘 묘가 있다고 여겨지는 장소는 여러 곳이다. 그 가운데 수산(수사)의 다니엘 묘가 가장 유명하다. 사진에서 하얀 원뿔 모양의 건물이 수산의 다니엘 묘다.

신비로운 '묵시 문학'에 대해 알아볼까요?

'묵시(apocalypse)'는 넓게 말하면 '예언(prophecy)'의 한 형태지만, 전달되는 방식과 지향점이 예언과는 크게 다릅니다. '예언 문학'은 주로 통일 왕국과 분열 왕국 시대에 유행하던 직접적인 계시(啓示)의 형태를 띠었어요. 예언 문학은 선지자들의 입을 통해 선포되었고, 이후 글로 기록되어 의미가 아주 분명하지요. 한편, '묵시 문학'은 포로 시대 이후에 일어나 신·구약 중간 시대까지 흥하다가, 신약 시대 이래로 쇠퇴한 장르입니다. 예언 문학과는 달리, 묵시 문학에는 예언의 내용이나 목적이 구체적으로 명시되어 있지 않아요. 정확한 해석이 불가능하도록 특이한 상징이나 이미지를 사용하는 것이 특징이지요. 예를 들어 '666' 등의 상징적 숫자나 '메네, 데겔, 바르신' 같은 수수께끼 같은 문자 조합을 사용합니다. 또한 '열 개의 다리나 열 개의 뿔을 가진 짐승' 같은 모호하고 상징적인 이미지를 쓰기도 했어요. 왕정 시대 선지자들이 예언을 통해 백성에게 경고하고 심판을 예고하며 회개를 촉구했다면, 포로 시대 이후에는 선지자 다니엘, 에스겔 등이 묵시 문학을 통해 고된 포로 생활에 지친 백성을 위로했습니다. 묵시 문학은 다가오는 하나님의 심판과 세계 종말이 악인을 징벌하고 의인을 구원할 것이라고 암묵적으로 백성에게 전했어요. 사람들은 묵시 문학을 통해 희망과 용기를 얻을 수 있었지요. 묵시 문학의 전통은 신약 시대로 이어져, 사도 요한이 밧모 섬에서 「요한 계시록」을 쓰기도 했습니다.

「요한 계시록」에서 계시한
바벨론의 멸망

2 동족을 사랑한 왕후 | 에스더

바사 제국이 바벨론 제국을 멸망시키면서 바벨론의 포로였던 남 유다 사람들은 자동으로 바사의 포로가 됩니다. 믿기 어렵겠지만 유다 민족이 바사의 포로였던 시절에 바사의 왕후는 유다 사람이었어요. 바로 왕후 에스더랍니다. 제국의 왕후는 남부러울 것 없는 지위였죠습니다. 왕궁 안에서 다른 사람의 눈치를 보지 않고 여생을 편하게 보낼 수도 있었지요. 하지만 에스더는 포로 생활 중인 자기 민족, 유다 사람들을 늘 가슴에 품고 살았습니다. 특히 유다 민족이 전멸당할 위기에 처했을 때 에스더는 민족을 살리기 위해 자기 목숨도 아끼지 않았어요.

- 너는 왕궁에 있으니 모든 유다인 가운데 홀로 목숨을 건지리라 생각하지 말라. (「에스더」 4:13)

- 왕이 존귀하게 하시기를 원하시는 사람에게는 이같이 할 것이라. (「에스더」 6:11)

- 내 소청대로 내 생명을 내게 주시고, 내 요구대로 내 민족을 내게 주소서. (「에스더」 7:3)

- 이 두 날을 지켜 잔치를 베풀고 즐기며, 서로 예물을 주고 가난한 자를 구제하라. (「에스더」 9:22)

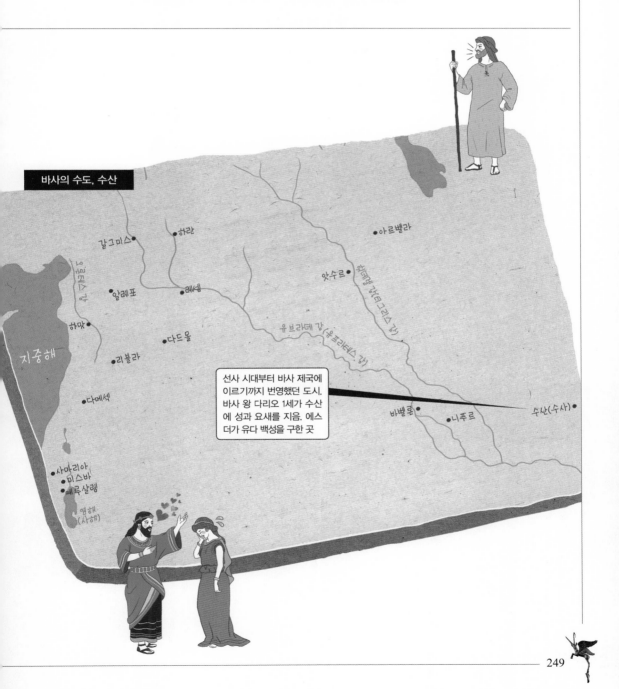

바사의 수도, 수산

선사 시대부터 바사 제국에 이르기까지 번영했던 도시. 바사 왕 다리오 1세가 수산에 성과 요새를 지음. 에스더가 유다 백성을 구한 곳

지중해

갈그미스
하란
아르벨라
앗수르
알레포
레넵
하맛
다드몰
유브라데 강 (유프라테스 강)
리블라
다메섹
바벨론
니푸르
수산 (수사)
사마리아
미스바
예루살렘
염해 (사해)

유다 처녀 에스더, 왕후가 되다

아하수에로(Xerxes, 크세르크세스 1세)가 바사의 왕이 된 지 3년째 되던 해였습니다. 아하수에로는 관리와 총독과 신하를 모두 불러 잔치를 베풀었어요. 바사와 메대의 군대 지휘관들, 지방의 귀족들, 총독들이 왕 앞에 모였지요. 잔치는 180일간 지속되었고 왕은 자기 왕국의 어마어마한 부와 찬란한 위엄을 과시했어요.

잔치가 끝나고 아하수에로는 신분의 높고 낮음에 상관없이 백성을 모두 수산(Susa, 수사)에 있는 왕궁의 정원에 초대했습니다. 백성에게는 7일 동안 잔치를 베풀었지요. 왕후 와스디(Vashti) 역시 아하수에로의 왕궁에 있는 여자들을 초대해 잔치를 벌였어요.

7일째 되던 날, 포도주를 마신 아하수에로는 기분이 좋아졌습니다. 왕은 내시 일곱 명에게 와스디를 왕후의 관을 씌워 데려오라고 명령

수산 궁전 터
수산은 선사 시대부터 바사 제국에 이르기까지 이란 문명의 중심지였다. 수산 궁전은 바사 왕들이 겨울에 사용하던 궁전이다. 여름에는 수산이 매우 더워 왕들은 시원한 지역의 다른 궁전을 이용했다.

했어요. 왕후의 아름다움을 백성과 귀족들에게 자랑하고 싶었던 것이지요. 하지만 와스디는 왕의 명령을 거절하고 나가지 않았습니다. 왕은 불같이 화를 냈어요.

아하수에로는 현자들을 불러 물었습니다.

"법대로 하면 와스디 왕후를 어떻게 처리해야 하는가?"

므무간(Memucan)이 왕과 신하들 앞으로 나왔어요. 므무간은 지위가 가장 높은 일곱 귀족 가운데 한 사람이었지요.

"와스디 왕후는 왕은 물론이고 신하들과 이 나라 백성에게도 잘못을 저질렀습니다. 왕후가 왕의 명령을 거절했다는 소식이 이 나라 모든 여자에게 전해질 것입니다. 여자들은 말할 테지요. '와스디 왕후도 아하수에로 왕의 명령을 거절하고 나가지 않았다!' 그러고서 남편에게 순종하지 않을 것입니다. 바사와 메대 귀족 부인들은 왕후가 한 일을 듣고 왕후가 했던 것과 똑같이 당신의 신하들을 대할 것입니다. 곧 경멸과 불화가 이어지겠지요!

만일 왕께서 괜찮으시다면 명령을 내려 와스디 왕후가 더는 당신 앞에 나오지 못하도록 하십시오. 이를 바사와 메대의 법으로 정해 아무도 고치지 못하게 하십시오. 그리고 나서 왕후의 자리를 더 나은 여인에게 주십시오. 이 명령을 듣는다면 아내들은 모두 신분의 높고 낮

「와스디의 추방」
이탈리아 화가 파울로 베로네세의 작품이다. 바사 왕비들은 상당한 재산을 소유했다고 알려져 있다. 아하수에로는 일부일처제를 따랐지만 첩은 수백을 두었다.
산 세바스티아노 성당 소장

음에 상관없이 자기 남편을 섬길 것입니다."

아하수에로와 신하들은 므무간의 의견에 동의하고 므무간의 충고대로 했습니다. 며칠 후에 신하들이 왕에게 권했어요.

"왕을 모실 아름답고 젊은 처녀를 찾아보는 게 어떠신지요? 왕께서 다스리시는 모든 지방에 관리를 세우십시오. 그 관리들에게 아름답고 젊은 처녀를 뽑아 수산에 있는 궁으로 보내라 하십시오. 궁에 도착한 처녀들에게는 자신을 아름답게 가꾸는 데 필요한 것을 보내 주십시오. 왕께서는 그들 가운데 마음에 든 처녀를 와스디 대신 왕후로 삼으십시오."

왕은 흡족해서 그 계획대로 했습니다.

아하수에로가 명령을 내리니 많은 처녀가 수산에 있는 왕궁으로 뽑혀 왔어요. 에스더(Esther) 역시 왕궁으로 왔습니다. 궁녀를 관리하던 헤개(Hegai)가 에스더를 맡았지요. 헤개는 에스더가 마음에 들었기 때문에 외모를 가꾸는 데 필요한 것들과 음식들을 얼른 가져다주었어요. 또한 궁녀 일곱 명을 뽑아 에스더를 시중들게 하고 에스더와 궁녀들을 후궁에서 제일 좋은 곳으로 옮겼습니다. 에스더는 자기 민족과 자기 집안에 관해 이야기하지 않았어요. 에스더의 양아버지인 모르드개(Mordecai)가 말하지 말라고 시켰기 때문이지요. 모르드개는 매일 후궁 앞을 서성이며 에스더에게 건강한지, 별일은 없는지 물었습니다.

아하수에로는 에스더를 보고 나서 다른 여자들보다 에스더를 총애했어요. 에스더는 점차 왕의 사랑을 독차지했고, 결국 와스디 대신 왕후의 자리에 올라 왕후의 관을 머리에 썼습니다. 왕은 에스더를 위해 모든 귀족과 신하에게 큰 잔치를 베풀었어요.

"왕후여, 당신의 민족을 지키십시오."

하루는 모르드개가 왕궁 문 앞에 앉아 있었습니다. 그때 이야기하는 소리가 들려왔어요. 왕궁 문을 지키는 왕의 두 내시가 원한을 품고 아하수에로를 죽이려 작당하는 소리였지요. 모르드개는 이 이야기를 곧바로 에스더에게 전했습니다. 에스더도 모르드개의 이름으로 왕에게 음모를 알렸어요. 진실이 밝혀져 반역을 꾀한 두 사람은 나무에 매달려 처형당했습니다. 이 일은 모두 왕이 보는 앞에서 왕궁 일지에 기록되었어요.

이 사건이 일어나고 얼마 지나지 않아 아하수에로는 아각(Agag) 사람 하만(Haman)을 귀족들 가운데 가장 높은 자리에 앉혔습니다. 왕궁 문에 있는 신하들이 모두 왕의 명령에 따라 하만에게 절했지요. 하지만 모르드개는 하만에게 절하지 않았어요.

왕궁 문에 있던 신하들이 모르드개에게 "왜 왕의 명령에 복종하지 않소?"라고 물었습니다. 신하들은 날마다 충고해도 모르드개가 듣지 않는 것을 보고 하만에게 이 사실을 전했어요. 모르드개는 유다 사람이고 하만은 유다 사람을 싫어하니 하만이 모르드개를 어떻게 할지 두고 볼 참이었지요. 하만은 모르드개의 일을 듣고 화가 나 펄쩍 뛰었습니다. 모르드개가 유다 사람이라는 사실을 알고 나서는 더욱 화를 냈어요. 하만은 모르드개는 물론 아하수에로 왕국에 있는 모든 유다 사람을 없앨 계획을 세웠습니다.

아각

아각 사람은 에서의 후손인 아말렉 족속을 뜻한다. 아말렉 족속과 이스라엘 민족은 오랫동안 원수지간이었다. 이스라엘 왕 사울은 아말렉을 공격해 아말렉 왕 아각을 처형하고 아말렉 민족을 애굽으로 내쫓았다.

「아하수에로」

폴란드계 유대 화가 마우리치 고틀리브의 작품이다. 아하수에로는 바사 제국의 4대 왕이다. 애굽, 바벨론이 일으킨 반란을 진압했다. 선왕에 이어 그리스 원정에 나섰지만 실패했다.
크라쿠프 국립 미술관 소장

하만이 아하수에로를 찾아가 말했어요.

"왕께서 다스리시는 나라에 어떤 민족이 흩어져 살고 있습니다. 그들의 법은 다른 백성의 법과 다릅니다. 그래서 그들은 당신의 법을 지키지 않고 있습니다. 이 민족을 당신의 나라에 살도록 내버려 두는 것은 옳지 않습니다. 왕께서 괜찮으시면 그들을 없애라는 명령을 내리십시오. 제가 이 일을 위해 당신의 금고에 은 1만 달란트를 내놓겠습니다."

왕은 손에서 왕의 반지를 빼 하만에게 주었습니다.

"돈과 백성은 모두 그대의 것이니 그대가 원하는 대로 해라."

왕의 조서는 사신들에 의해 왕국의 모든 지방에 전해졌어요. 조서의 내용은 섣달(음력으로 한 해의 맨 끝 달) 13일에 유다 사람이면 남녀노소 가리지 말고 모두 죽여 없애라는 것이었습니다. 왕과 하만이 자리에 앉아 술을 마시는 동안 수산 성은 혼란과 공포로 술렁였지요.

모르드개가 이 일을 모두 알게 되었어요. 모르드개는 자기 옷을 찢고 베옷을 입었으며 머리에는 재를 뒤집어썼습니다. 그런 후에 거리로 나가 큰 소리로 슬피 울며 왕궁 문 앞으로 갔지요. 하지만 베옷을 입은 사람은 왕궁 안으로 들어갈 수 없었어요. 왕의 명령이 지방에 전해지자 유다 사람들은 크게 슬퍼하며 금식하고 통곡했습니다. 베옷을 입고 재를 뒤집어쓴 사람이 수없이 많았지요.

에스더의 시녀들과 내시들이 이 일을 에스더에게 전했습니다. 에스더의 얼굴이 새하얗게 질렸어요. 에스더는 모르드개에게 새 옷을 보냈습니다. 베옷 대신 새 옷을 입고 궁으로 들어오라 권했지요. 하지만

아케메네스 왕조의 유물
아케메네스 양식으로 만들어진 아이벡스 꽃병 손잡이다. 수산에서 발굴되었다. 고레스가 초석을 다진 바사의 아케메네스의 왕조는 다리오 1세와 아하수에로 왕 시기에 강대해진다. '사트라프'라는 총독을 보내 정복한 나라를 감찰했다.
루브르 박물관 소장

모르드개는 새 옷을 입지 않았어요. 에스더는 할 수 없이 왕이 자신을 보살피라 보낸 내시 하닥(Hathach)을 불렀습니다. 에스더는 하닥을 모르드개에게 보내 무슨 일이 일어났는지 알아 오게 했지요.

하닥은 왕궁 문 앞 광장에 있는 모르드개에게 갔어요. 모르드개는 하닥에게 무슨 일이 있었는지 알려 주었습니다. 하만이 유다 사람들을 죽이기 위해 아하수에로의 금고에 바친 돈의 액수도 알려 주었어요. 또한 유다 사람들을 죽이라는 내용의 조서 사본을 하만에게 주며 에스더에게 전하라고 했지요. 마지막으로 모르드개는 에스더에게 부탁했습니다.

아후라 마즈다
바사의 왕들은 조로아스터교를 믿었다. 아후라 마즈다는 조로아스터교의 주신이다. 사진은 수산 궁전 벽의 채유 타일이다. 아후라 마즈다가 사자 인간 위에서 날개를 펼치고 있다.

"에스더 왕후여, 왕에게 가서 유다 민족에게 자비를 베풀어 달라 간청하십시오."

하닥은 모르드개가 한 말을 그대로 전했어요. 에스더는 다시 하닥을 모르드개에게 보내 소식을 전했지요.

"왕의 신하들과 지방의 백성이 다 아는 사실을 알려 드리겠습니다. 궁전 안뜰에 왕의 부름 없이 들어가면 남자든 여자든 모두 죽게 됩니다. 단 왕께서 금 홀을 내밀면 부름 없이 들어갔더라도 살 수 있어요. 하지만 제가 왕의 부름을 받지 못한 지 이미 30일이 지났습니다."

모르드개는 다시 에스더에게 전했습니다.

"왕후께서 지금 왕궁에 계시다 해서 유다 사람 가운데 홀로 목숨을 건질 수 있으리라 생각하십니까? 왕후께서 우리 민족을 돕지 않는다

해도 어딘가에서 누구라도 나타나 유다 민족을 구할 것입니다. 하지만 그때 왕후와 왕후의 가족들은 멸망한다는 것을 명심하십시오. 생각해 보십시오. 왕후께서 그 자리에 오른 것도 이때를 위한 것인지 누가 알겠습니까?"

에스더는 마음을 굳게 먹고 모르드개에게 전했어요.

"수산에 있는 유다 사람들을 모두 모아 저를 위해 금식해 주세요. 3일 밤낮은 아무것도 먹거나 마시면 안 됩니다. 저와 제 시녀들도 금식하겠어요. 금식이 끝나면 법을 어기는 한이 있더라도 왕에게 나아가겠습니다. 그러다가 죽게 되면 죽겠습니다."

모르드개는 에스더가 말한 대로 했습니다.

「에스더에게 왕관을 씌우는 아하수에로」
이탈리아 화가 파올로 베로네세의 작품이다. 바사는 왕을 접견에 많은 제한을 두었다. 왕후 역시 왕과 자유로이 소통할 수 없었다.

아하수에로가 모르드개를 높이다

유다 사람들이 금식한 지 3일째 되던 날, 에스더는 왕후의 예복을 입고 왕의 방이 마주 보이는 왕궁 안뜰에 섰습니다. 궁 안에 있었던 아하수에로는 왕좌에 앉아 입구 쪽을 보고 있었지요. 왕은 뜰에 서 있는 에스더를 보고 어여삐 여겨 손에 들고 있던 금 홀을 내밀었습니다. 에스더는 올라가 금 홀 끝에 손을 댔어요. 왕이 에스더에게 물었습니다.

"에스더 왕후여, 무슨 일이오? 무슨 부탁이라도 있소? 말해 보시오. 내 나라의 절반이라도 떼어 드리리다."

"왕께서 괜찮으시면 제가 왕을 위해 잔치를 준비했으니 하만과 함께 와 주세요."

"서둘러 하만을 불러오너라. 에스더의 소원을 들어주겠다."

「아하수에로의 금 홀에 손을 얹는 에스더」
독일 화가 한스 부르크마이어의 작품이다. 바사 왕들은 긴 홀을 쥐고 백성 앞에 선 모습으로 바사 부조에 조각되어 있다.
알테 피나코테크 소장

아하수에로와 하만은 에스더가 준비한 잔치에 갔어요. 왕과 하만이 포도주를 마시고 있을 때였습니다. 왕은 다시 에스더에게 물었어요.

"원하는 것이 있으면 말해 보시오. 내 나라의 절반이라도 주겠소."

에스더가 대답했습니다.

"왕께서 저를 어여삐 여겨 소원을 들어주시겠다면 내일도 잔치를 열 것이니 하만과 함께 와 주십시오. 그때 제 소원을 말씀드리겠어요."

하만이 기쁜 마음으로 왕궁을 나오던 중에

「아하수에로와 하만」
네덜란드 화가 아르트 데 헬더르의 작품이다. 바사 왕국에서는 호화로운 잔치가 흔히 벌어졌다. 다양한 고기가 나오고 참석자들은 포도주를 많이 마셨다. 음악을 맡은 자 등 시중드는 사람의 종류도 다양했다.

왕궁 문에 있던 모르드개를 보았어요. 모르드개는 여전히 일어나지도 않고 하만에게 다가오지도 않았지요. 하만은 이 모습을 보고 몹시 화가 났지만 끓어오르는 화를 억누르고 집으로 돌아갔습니다. 하만은 집에 도착해서 친구들과 아내 세레스(Zeresh)를 불러 재산과 자식들이 많은 것을 자랑했어요. 또한 왕이 자신을 높여 다른 귀족이나 신하보다 높은 자리에 앉힌 일도 자랑했지요.

"에스더 왕후께서 잔치를 마련해 왕과 함께 나를 부르셨네. 게다가 내일도 왕과 함께 나를 초대하셨어. 그런데 왕궁 문에 앉아 있던 유다 사람 모르드개를 보고 기분을 잡쳤지 뭔가."

세레스와 친구들이 말했습니다.

"23m 높이의 장대를 세우십시오. 내일 아침 왕께 모르드개를 그 장대에 매달아 달라고 말씀드려 보세요. 그러고 나서 기쁜 마음으로 왕과 함께 잔치에 가면 됩니다."

「왕궁 일지를 읽게 하는 아하수에로」
고대 근동 왕국은 왕궁 일지를 잘 보존했다. 군사 원정에 대해 자세히 기록한 것도 있고 왕실에서 일어난 중요한 사건을 기록한 것도 있다. 앗수르, 바벨론의 일지가 가장 많이 발굴되었다.

하만은 그 충고를 기꺼워하며 바로 장대를 세웠어요.

그날 밤, 아하수에로는 잠이 오지 않았습니다. 그래서 신하들에게 **왕궁 일지**를 가져와 자기 앞에서 읽게 했어요. 일지에는 두 내시가 왕을 암살하려는 음모를 꾸몄고, 이 음모를 모르드개가 알려 주었다는 내용이 적혀 있었지요. 왕이 신하들에게 물었습니다.

"이 일로 모르드개에게 어떤 상을 내렸는가?"

"아무것도 내리지 않았습니다."

그때 바깥뜰에서 소리가 들려왔어요. 왕이 "뜰에 있는 자가 누구냐?"라고 옆에 있던 신하에게 물었습니다. 바깥뜰에는 하만이 있었어요. 장대 위에 모르드개를 매달아 달라고 왕에게 부탁하고자 들어온 것이었지요. 왕을 모시는 신하가 "하만이 뜰에 서 있습니다."라고 고했어요. 왕은 하만을 안으로 들였습니다.

하만이 들어오자 왕이 물었어요.

"내가 크게 높여 주고자 하는 사람이 있는데 어떻게 하면 좋겠소?"

하만은 속으로 '왕이 높여 주고 싶은 사람이 내가 아니면 또 누구겠는가?'라고 생각하고 대답했습니다.

"왕이 입는 옷과 왕이 타는 말을 내오게 하십시오. 말의 머리는 왕관으로 꾸미십시오. 왕의 신하 가운데 가장 높은 사람이 당신께서 높이고자 하는 사람에게 옷을 입히고 옷을 입은 그 사람을 말에 태워야 합니다. 그런 후에 가장 높은 사람은 말을 이끌고 성안 거리를 돌며 이렇게 선포해야 할 것입니다. '왕께서는 높여 주고 싶은 사람에게 이렇게 하신다.'"

왕은 하만에게 말했어요.

"서둘러 옷과 말을 준비해 왕궁 문에 앉아 있는 <u>모르드개</u>에게 가서 그대가 말한 대로 하시오. 하나도 빠뜨리면 안 되오."

하만은 왕 앞에서 입도 벙긋 못 하고 말을 준비해 갔습니다. 왕의 신하 가운데 가장 높은 사람인 하만은 모르드개에게 옷을 입힌 후 모르드개를 태운 말을 이끌고 성안을 돌았어요. "왕께서는 높여 주고 싶은 사람에게 이렇게 하신다."라고 선포하는 것도 잊지 않았지요.

「<u>모르드개의 승리</u>」
네덜란드 화가 피터르 라스트만의 작품이다. 그리스 작가 크세노폰에 따르면 바사 왕은 금 자수를 놓은 자주색 옷을 입었다. 왕의 말은 머리 장식으로 꾸몄다.
렘브란트 하우스 미술관 소장

유다인의 대적이 쓰러지다

모르드개는 다시 왕궁 문으로 돌아갔습니다. 하만은 수치스러워서 머리를 가린 채 서둘러 집으로 갔어요. 하만은 아내 세레스와 친구들에게 있었던 일을 모두 말해 주었습니다. 친구들과 아내가 충고했어요.

"당신은 이미 그 유다 사람 앞에서 망신을 당했습니다. 이제 다시는 모르드개 앞에서 머리를 들 수 없게 되었습니다. 그러니 모르드개에게 맞서지 마십시오. 분명 당신이 망하게 됩니다."

대화가 채 끝나기도 전에 왕의 신하가 와서 에스더가 베푼 잔치에 하만을 서둘러 데려갔습니다. 아하수에로는 하만과 함께 에스더 왕후에게 갔어요. 왕은 이번에도 포도주를 마시면서 에스더에게 물었지요.

"에스더 왕후여, 원하는 것은 무엇이든 말해 보시오. 원한다면 왕국의 절반이라도 주겠소."

에스더 왕후가 대답했습니다.

"왕께서 저를 어여삐 여기신다면 부디 제 소원을 들어주십시오. 왕이시여, 제 목숨과 제 백성을 살려 주십시오. 저와 제 백성은 다 파멸하게 생겼습니다. 죽어 모두 없어지게 생겼습니다!"

아하수에로는 에스더에게 물었어요.

"누가 감히 그런 짓을 꾸몄소? 그자는 지금 어디 있소?"

"여기 이 사악한 하만입니다. 제 적이고 원수입니다."

하만은 벼락을 맞은 듯 왕과 왕후 앞에서 떨었습니다. 그때 왕의 내시인 하르보나(Harbona)가 말했어요.

"왕이시여, 하만의 집에 23m 높이의 장대가 하나 세워졌습니다. 그 장대는 하만이 모르드개를 매달려고 세운 것입니다. 왕께 암살 음모

를 알려 준 그 모르드개 말입니다."

왕이 싸늘한 태도로 명령했습니다.

"그 장대에 하만을 매달아라."

사람들은 모르드개를 매달려고 세워 놓은 장대에 하만을 매달았어요. 왕의 분노는 그제야 가라앉았습니다.

아하수에로는 유다 사람들의 적, 하만의 재산을 에스더에게 주었어요. 에스더는 왕에게 모르드개가 자신의 양아버지라는 사실을 말했습니다. 왕은 모르드개를 자신의 보좌관으로 삼고, 하만에게서 돌려받은 도장 반지를 모르드개에게 주었어요. 에스더는 모르드개에게 하만의 재산을 맡겼지요.

에스더는 다시 아하수에로 발 앞에 엎드려 눈물로 간청했어요. 유

「하만을 고발하는 에스더」
영국 화가 어니스트 노먼드의 작품이다. 고대 그리스 역사가 헤로도토스 역시 재산을 왕명으로 몰수한 사건들을 자기 책에 기록했다.

「하만의 처형」
이탈리아 화가이자 조각가 미켈란
젤로의 작품이다. 성경학자들은 하
만의 지위가 '하자라파티시', 즉 천
부장이었을 것이라 추측한다. 천부
장은 왕실 경호대를 지휘했고 왕
을 접견할 수 있는 사람을 정했다.
시스티나 성당 소장

다 사람들을 죽이라는 하만의 조서를 막아 달라고 했지요. 왕이 금 홀
을 내밀자 에스더는 일어나 왕 앞으로 다가갔습니다. 왕이 왕후 에스
더와 유다 사람 모르드개에게 말했어요.

"그대들이 원하는 대로 조서를 쓰시오. 왕의 이름을 쓰고 왕의 반지
로 도장을 찍으시오. 왕의 이름을 적고 왕의 반지로 도장을 찍은 법에
는 그 누구라도 복종해야 하오."

모르드개는 왕의 이름으로 조서를 쓰고 왕의 반지로 도장을 찍었습
니다. 그러고는 왕궁에 있는 빠른 말과 노새와 낙타에 사신들을 태워
왕의 명령을 모든 성에 전달했어요. 이 명령에 따라 모든 성에 사는 유
다 사람들은 함께 모여 목숨을 지킬 수 있게 되었지요.

수산 성에서도 왕의 조서를 받았습니다. 모르드개는 보라색과 흰색
으로 된 예복을 입고, 머리에는 큰 관을 쓰고, 좋은 모시로 만든 자줏
빛 겉옷을 차려입은 채 왕 앞에서 물러났지요. 수산에 있는 사람들은

부림
유대인들의 유쾌한 축제다. 이
날 유대인들은 원수에게서 풀
려난 것을 기념한다. 모르드개
나 에스더의 가면과 의상을 착
용하고 포도주를 마시며 시가
행진 등을 한다.

환호했어요. 기쁨의 빛이 유다 사람들에게 비췄습니다. 영광스럽고
즐거운 날이었지요. 유다 사람들은 그날을 축제 날로 삼고 지켰어요.

아달월(Adar月, 유다 왕국의 교력에 해당하는 달. 지금의 2월 중순에서 3
월 중순 사이에 걸친 달) 14일에 유다 사람들은 일을 쉬고 축제를 열었
습니다. 유다 사람들은 모두 여러 성에서 축제를 즐기며 기뻐했어요.
그날에는 서로 선물을 나누었지요. 수산 궁에 있던 유다 사람들은 같
은 달 15일에 축제를 열었습니다.

유다 자손들과 유다 민족으로 귀화한 사람 모두 이 두 날을 명절 삼
아 지켰어요. 하만은 유다 민족을 멸망시킬 계획을 세우고 제비(pur)
를 던져 유다 사람들을 죽일 날을 결정했다고 하지요. 이러한 이유로
두 날을 '부림(Purim)'이라 불렀습니다.

바사 전쟁이 에스더가 왕후가 된 배경이라고요?

포로의 딸 에스더가 왕후가 된 배경에는 세계사에서 가장 유명한 전쟁, 바사 전쟁(페르시아 전쟁)이 있습니다. 아하수에로의 아버지 바사 왕 다리오 1세는 기원전 6세기 말에 그리스의 해안 도시들과 섬들을 정복하며 서쪽으로 진격하고 있었어요. 그때 이미 정복한 지역에서 반란이 일어났고, 아덴(아테네)과 에레트리아는 반란을 지원했지요. 화가 난 다리오 1세는 원정에 나서 1차 전쟁에서는 큰 승리를 거두었어요. 이어 기원전 490년에 6만 명의 모병과 기병을 태운 거대한 함정을 이끌고 아덴을 공격했습니다. 하지만 마라톤이라는 조그마한 평원에서 아덴 장군 밀티아데스에게 패하고 말지요. 다리오 1세는 아덴을 재침략하기 위해 전쟁을 준비하다 사망했습니다. 뒤를 이어 아하수에로가 바사 왕이 되었어요. 아하수에로는 즉위 후 2년 동안 아덴 공격을 철저히 준비했지요. 마지막 점검이 끝난 후 싸움에 나갈 지도자들의 사기를 북돋기 위해 180일간의 큰 잔치를 베풀었어요. 이 잔치 장면으로 구약 성경 책 「에스더」와 이 과가 시작합니다. 이 화려한 잔치가 포로로 잡혀 온 유다 처녀, 에스더가 왕후가 되는 계기가 되지요. 「에스더」 곳곳에는 바사 풍습이 나타나 있습니다. 화려한 궁중 연회의 광경과 왕의 호출이 있어야만 왕을 알현할 수 있도록 한 '왕 보호 제도'가 그렇지요. 또한 왕의 조서와 인장 반지만으로 127개나 되는 행정 구역이 신속하게 움직이는 행정 제도의 면면도 살펴볼 수 있어요.

뤽 올리비에 메르송이 그린
「마라톤의 병사」

3 무너진 민족의 자존심을 세우다 |
느헤미야

70년간의 긴 포로 생활이 끝나고 유다 민족은 고향으로 돌아왔습니다. 유다 민족의 눈앞에는 전쟁으로 폐허가 된 하나님의 성전과 예루살렘 성벽이 펼쳐져 있었지요. 무너진 성전과 성벽은 유다 민족의 무너져 내린 자존심이나 마찬가지였어요. 유다 민족에게 성전과 성벽을 재건하는 막중한 프로젝트가 주어집니다. 하나님은 이 프로젝트를 진행할 지도자를 차례로 세웠어요. 성전 재건을 위해 스룹바벨과 예수아가, 성벽 재건을 위해서는 느헤미야가 총책임자가 되었습니다. 힘겹고 서러운 포로 생활에서 벗어난 기쁨 때문이었을까요? 유다 민족은 그 어느 때보다, 그 누구보다 열심히 프로젝트를 수행했답니다.

- 너희 가운데 그의 백성 된 자는 다 올라갈지어다. 너희 하나님 여호와께서 함께하시기를 원하노라. (「역대 하」 36:23)
- 예루살렘이 황폐하고 성문이 불탔으니, 자, 예루살렘 성을 건축해 다시 수치를 당하지 말자. (「느헤미야」 2:17)
- 이방인의 손에 팔린 우리 형제 유다 사람들을 힘을 다해 도로 찾았거늘. 너희는 너희 형제를 팔고자 하느냐. (「느헤미야」 5:8)
- 내 하나님이여, 내가 이 백성을 위해 행한 모든 일을 기억하사, 내게 은혜를 베푸시옵소서. (「느헤미야」 5:19)

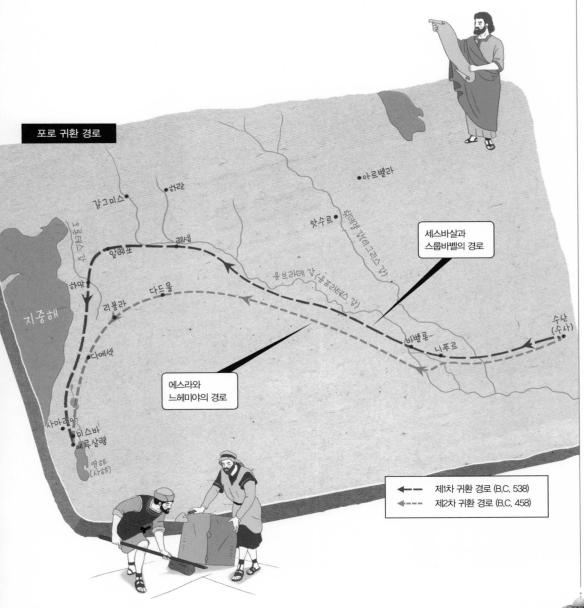

포로 귀환 경로

세스바살과
스룹바벨의 경로

에스라와
느헤미야의 경로

지중해

아르벨라

하란

갈그미스

앗수르

레센

알레포

하맛

유브라데 강 (유프라테스 강)

리블라

다드몰

다메섹

바벨론

니푸르

수산 (수사)

사마리아

미스바

예루살렘

염해 (사해)

◀━ ━ 제1차 귀환 경로 (B.C. 538)
◀- - 제2차 귀환 경로 (B.C. 458)

269

하나님의 집을 다시 짓다

바사 왕국을 건설한 고레스(Cyrus, 키루스 2세)가 왕국을 다스리기 시작한 해의 일입니다. 여호와 하나님이 예레미야를 통해 약속한 것을 이루려고 고레스의 마음을 움직였어요. 고레스는 온 땅에 다음과 같은 명령을 내렸지요.

"하늘의 하나님께서 이 세상의 나라를 모두 내게 주셨다. 또한 내게 명령해 유다 땅 예루살렘에 성전을 짓도록 하셨느니라. 너희 가운데 하나님의 백성은 모두 유다 땅으로 돌아가거라. 너희 하나님께서 너희와 함께하길 바라신다. 유다 땅 예루살렘으로 올라가면 여호와의 성전을 다시 지어야 한다. 하나님의 백성이 사는 지역이라면 하나님의 백성을 위해 은과 금, 각종 물건과 가축들을 아낌없이 지원해 주어라. 더불어 여호와의 성전에 바칠 제물도 주어라."

유다 지파와 베냐민 지파의 지도자들, 제사장들, 레위 사람들은 예루살렘으로 돌아가기 시작했습니다. 예루살렘에 여호와의 성전을 짓고자 하는 사람들도 모두 예루살렘을 향해 길을 나섰어요. 이들의 이웃들은 은과 금, 각종 물건과 가축들을 아낌없이 지원해 주었고 여호와의 성전에 바칠 귀한 예물도 주었습니다.

바사 왕 고레스는 그릇들을 꺼내 왔어요. 앗수르 왕 느부갓네살이 예루살렘에 있던 여호와의 성전에서 가져온 그릇들이었지요. 고레스는 창고지기 미드르닷(Mithredath)에게 명령해 꺼내 온 그릇들을 유다 총독 세스바살(Sheshbazzar)에게 넘겨

고레스 실린더
바사 왕 고레스의 통치 이념이 새겨진 유물이다. 정복지의 파괴된 신전과 성전을 수리할 것, 전리품으로 가져온 신상을 돌려줄 것 등의 내용이 실려 있다. 이란 정부는 고레스 실린더를 세계 최초의 인권 문서라고 선전하기도 했다. 대영 박물관 소장

주었어요. 세스바살은 그릇들을 포로 생활을 하고 돌아온 사람들과 함께 예루살렘으로 옮겼지요. 여호와 하나님은 선지자 학개(Haggai)를 통해 명령했습니다.

"산에 올라 나무를 가져오너라. 그 나무로 성전을 다시 지어라. 나는 그 성전을 기쁘게 받고 내 영광을 드러내겠다."

대제사장 스룹바벨(Zerubbabel)과 예수아(Jeshua)는 사람들과 함께 여호와의 성전을 짓기 시작했어요. 결국 이스라엘의 하나님이 말한 대로 성전을 완성했습니다.

폐허가 된 성벽 앞에서 맹세하다

아하수에로의 아들 **아닥사스다**(Artaxerxes, 아르타크세르크세스 1세)가 왕위에 오른 지 20년이 되던 해 11월에 있었던 일입니다. 느헤미야(Nehemiah)가 바사의 수도 수산에 있을 때였어요. 느헤미야의 형제인 하나니(Hanani)가 사람들과 함께 유다에서 왔어요. 느헤미야는 그들에게 예루살렘에 대해, 포로가 되지 않고 유다에 남아 있었던 사람들에 관해 물었습니다. 하나니와 사람들이 대답했지요.

"유다에 남았던 유다 사람들은 매우 고생하고 있습니다. 무시당하는 건 말할 것도 없지요. 예루살렘의 성벽은 무너졌고 성문들은 불타 버렸습니다."

이 이야기를 듣고 느헤미야는 며칠을 울며 슬퍼했습니다. 금식하며 하늘의 하나님에게 기도했지요.

"하늘의 하나님이신 여호와여, 제가 당신께 기도합니다. 당신은 당신의 말씀을 사랑하고 따르는 사람들에게 은혜를 베푸십니다. 주의 종 느헤미야가 이스라엘 사람들을 위해 밤낮으로 기도를 드리고, 이스라엘 사람들이 지은 죄를 고백하겠습니다. 이스라엘 사람들은 주께서 모세에게 내리신 계명과 율법과 규칙을 지키지 않았습니다. 그리

페르세폴리스
다리오 1세가 제국의 위용을 드러내기 위해 건설한 바사의 수도다. 아닥사스다 재위기에 완성되었다. 알현실, 집무실, 보물 창고, 병영 등이 있다. 기원전 330년 알렉산드로스 대왕이 페르세폴리스를 불태우고 보물을 약탈했다.

하여 그들은 여러 나라로 흩어졌습니다.

하지만 하나님, 당신은 이스라엘 사람들이 당신께 돌아가 계명을 지키면 그들이 하늘 끝에 있더라도 받아 주신다고 하셨습니다. 부디 기억해 주십시오. 일찍이 당신은 놀라운 능력과 강한 손으로 저와 당신의 백성을 구해 주셨습니다. 그러니 주님, 주님을 즐거이 예배하려는 주의 종 느헤미야와 백성의 기도를 들어주십시오. 또한 이제 제가 하려는 일을 도와주셔서 바사 왕이 제게 자비를 베풀게 해주십시오."

「아닥사스다에게 청원하는 느헤미야」
'왕의 술 관원'은 바사에서 꽤 높은 직책이었다. 이 시기에 바사는 반란 등으로 어지러운 상황에 처해 있었다. 따라서 유대인과 같은 타민족의 협조를 구하고자 했다. 느헤미야가 고위직에 오를 수 있었던 이유다.

느헤미야는 당시 왕에게 술을 따라 올리는 사람이었습니다. 느헤미야가 하나니에게 유다의 상황을 전해 들은 지 4개월 정도 지난 어느 날이었어요. 그날도 느헤미야는 왕에게 포도주를 따르고 있었지요. 전에는 술을 따르는 신하가 슬픈 기색을 보인 적이 없었던 터라, 왕이 이상하게 여기고 물었습니다.

"그대의 얼굴에 슬픔이 가득하구나. 아프지는 않은 것 같은데 무슨

「유다인에게 자유를 주다」
아닥사스다는 아케메네스 왕조의
5대 왕이다.

근심이라도 있느냐?"

느헤미야는 너무 놀랐지만 왕에게 말했어요.

"왕이시여, 만수무강하시길 바랍니다. 제 조상들이 묻힌 성이 폐허가 되고 성문은 불타 버렸다는 소식을 들었습니다. 그러니 어찌 슬퍼하지 않을 수 있겠습니까?"

"무엇을 원하느냐?"

느헤미야는 하늘의 하나님에게 잠깐 기도한 후 왕에게 부탁했습니다.

"왕께서 괜찮으시면 저를 조상들이 묻혀 있는 유다로 보내 주십시오. 무너진 성을 다시 짓고 싶습니다."

그때 바사 왕후도 자리에 있었어요. 왕은 생각하더니 물었지요.

"얼마나 걸리겠느냐? 언제 돌아올 수 있느냐?"

왕은 대답을 듣고 나서 기꺼이 보내 주기로 했습니다.

느헤미야는 성전을 짓는 데 필요한 것들이 생각나서 왕에게 다시 부탁했어요.

"유브라데 강 서쪽 지방에 있는 총독들에게 편지를 써 주십시오. 편지에 제가 유다로 가는 것을 허락하라고 써 주십시오. 왕의 숲을 관리하는 아삽(Asaph)에게도 제게 목재를 주라고 써 주십시오. 성전 옆에 있는 요새의 문과 성벽을 짓는 데 쓰겠습니다. 제가 살 집에도 그 목재가 필요합니다."

하나님이 느헤미야에게 은혜를 베풀어 왕은 부탁을 모두 들어주었습니다.

느헤미야는 왕이 붙여 준 장교들, 기병들과 함께 유브라데 강 서쪽으로 가서 총독들에게 왕의 편지를 전해 주었어요. 호론(Horon) 사람 산발랏(Sanballat)과 암몬 사람 도비야(Tobiah)가 이 소식을 들었습니

나크시 에 로스탐
이란에 위치한다. 바위에 창문처럼 오목새겨진 4개의 구조물이 아케메네스 왕들의 묘다. 다리오 1세, 아하수에로, 아닥사스다, 다리오 2세의 묘라 알려졌다. 바사 왕국은 아닥사스다 재위기 이후로 쇠퇴한다.

다. 산발랏과 도비야는 이스라엘을 부흥하려는 사람이 오고 있다는 소식을 듣고 근심에 빠졌지요.

드디어 느헤미야가 예루살렘에 도착했습니다. 느헤미야는 3일을 머무른 후에 몇 사람을 데리고 밤길을 떠났어요. 느헤미야는 하나님이 예루살렘을 위해 시킨 일은 아무에게도 말하지 않았지요. 일행은 느헤미야가 타고 있던 나귀 외에는 어떤 짐승도 데려가지 않았습니다. 골짜기 문을 통해 밖으로 나와 용의 샘을 지난 후 거름 문에 이르렀습니다. 느헤미야는 무너진 예루살렘 성벽과 불탄 성문을 자세히 조사했어요. 그러고서 샘 문과 왕의 연못에 도착하니 나귀가 지나갈 길이 보이지 않았습니다.

느헤미야는 기드론 골짜기를 따라 올라가면서 성벽도 조사했어요. 조사를 마친 후 일행은 다시 방향을 돌려 골짜기 문을 지나서 돌아왔지요. 지도자들은 느헤미야가 어디에 다녀왔는지, 무엇을 하고 왔는지 전혀 몰랐습니다. 느헤미야는 그때까지도 유다 사람들을 위한 계획을 제사장들, 귀족들, 지도자들은 물론이고 다른 누구에게도 말하지 않았어요.

느헤미야는 시간이 흐른 후에 모든 것을 털어놨습니다.

"여러분도 알다시피 상황이 매우 좋지 않습니다. 예루살렘은 폐허가 되었고 성문은 불타 버렸습니다. 여러분, 예루살렘 성벽을 다시 지읍시다. 예전과 같은 수치는 절대 당하지 맙시다."

느헤미야는 하나님이 베푼 은혜와 말을 유다 사람들에게 이야기해 주었어요. 사람들은 어서 성벽을 쌓자고 서로를 격려하며 열심히 일했습니다.

「예루살렘 성벽 폐허를 바라보는 느헤미야」

프랑스 화가 귀스타브 도레의 작품이다. 느헤미야가 귀환한 해는 기원전 445년이다. 느헤미야가 귀환했을 때 예루살렘 성은 성벽과 성문이 두

거룩한 성이 우뚝 서다

산발랏은 성벽을 다시 짓는다는 소식을 듣고 매우 화를 냈습니다. 그는 자기 동료들과 사마리아 군인들 앞에서 빈정거렸어요.

"유다 사람들은 약해 빠졌는데 무슨 일을 하겠느냐? 성벽을 쌓겠다고? 여기서 예배를 드리겠단 말이냐? 유다 사람들은 하루 만에 성벽을 쌓을 수 있다고 생각하는구나. 아무리 해도 불타서 잿더미에 불과한 돌들을 다시 세울 수는 없을 것이다."

산발랏과 함께 있던 암몬 사람 도비야도 장담했습니다.

"유다 사람들이 쌓고 있는 성벽은 여우 한 마리가 올라가도 무너져 내릴 것이다!"

유다 사람들은 아랑곳하지 않고 성벽을 계속 쌓았어요. 모두 열심히 일했기 때문에 성벽은 끊어진 곳 없이 하나로 이어지고, 높이는 원래의 절반에 이르게 되었습니다. 성벽 재건축이 순조롭게 진행되어 성벽의 무너진 틈이 메꿔지고 있다는 소식을 듣고 산발랏과 도비야, 아라비아(Arab) 사람들과 암몬 사람들과 아스돗 사람들은 몹시 화가

예루살렘 구시가지 성벽
예루살렘 구시가지는 예루살렘 동쪽에 위치한다. 기원전 20년경의 예루살렘 지역이 성벽으로 둘러싸여 있다. 1㎢밖에 안 되는 지역을 유대교도, 아르메니아 정교도, 이슬람교도, 그리스도인이 분할해 거주하고 있다.

낳어요. 그들은 예루살렘에 와서 싸움을
걸고 유다 사람들에게 겁을 주었지요. 유
다 사람들은 하나님에게 기도하는 한편,
경비병을 세워 성벽을 밤낮으로 지키게
했습니다.

적들은 몰래 쳐들어와 사람들을 죽이
고 일을 중단시키려 했어요. 느헤미야는
이 계획을 듣고 칼과 활을 든 사람들을
가문별로 성 아래에 배치했습니다. 그러
고서 사람들에게 명령했지요.

"원수들을 두려워하지 마라. 높고 두려
운 하나님이 계시다는 것을 잊지 마라."

하나님이 적들이 계획대로 수행하지

「느헤미야의 지휘 아래
재건되는 예루살렘 성벽」
영국 화가 윌리엄 브라시 홀의 작
품이다. 산발랏은 사마리아의 통지
자다. 산발랏이 느헤미야를 방해하
는 까닭은 과거에 예루살렘과 유
다를 자신이 지배했기 때문이다.

못하도록 했습니다. 적들은 계획이 탄로 난 것을 알게 되었어요. 유다
사람들은 다시 성으로 돌아가 각자 맡은 일을 했습니다. 그때부터 느
헤미야의 부하들은 절반은 일하고 절반은 창, 방패, 활, 갑옷으로 무장
했어요. 지도자들은 성벽을 쌓는 유다 사람들 뒤에서 진을 쳤지요. 성
벽을 쌓는 사람들과 짐을 나르는 사람들 역시 무장했습니다. 한 손은
일하는 데 쓰고 한 손은 창을 쥐었어요. 성벽 쌓는 사람들은 허리에 칼
도 찼습니다. 나팔 부는 사람들은 느헤미야 옆에서 대기하고 있었지
요. 느헤미야는 귀족들과 지도자들과 백성에게 말했습니다.

"작업이 워낙 광범위해서 성벽을 따라 서로 너무 멀리 떨어져 있소.
그러니 여러분은 어디에 있든 나팔 소리를 들으면 내가 있는 곳으로

모이시오. 하나님께서 우리를 위해 싸워 주실 것이오."

유다 사람들은 아주 열심히 일했어요. 그들 가운데 절반은 무장한 채 이른 아침부터 별이 보일 때까지 일했지요. 느헤미야는 백성에게 일렀습니다.

"밤에는 모두 자기 부하를 데리고 예루살렘 안에서 지내면서 경계를 서고 낮에는 일하시오."

느헤미야와 그의 형제들, 종들, 그를 따라다니는 호위병들도 모두 옷을 벗지 않았어요. 오른손에는 항상 창이 들려 있었지요.

52일 후 마침내 성벽 쌓는 일이 끝났습니다. 주변 나라들이 모두 이 소식을 듣고 두려워하거나 매우 놀라워했어요. 모두 하나님이 도왔기 때문에 이 모든 일이 이루어졌다는 것을 곧 깨달았지요.

성벽에는 문짝이 달렸습니다.

문지기와 노래하는 사람과 레위 사람이 임명되었어요. 또 성채 지휘관인 느헤미야의 동생 하나니가 예루살렘을 맡게 되었어요. 하나니는 충실했고 누구보다 하나님을 두려워할 줄 아는 사람이었습니다. 느헤미야는 백성에게 말했어요.

"해가 뜨기 전에는 예루살렘의 성문을 열어 놓으면 안 됩니다. 밤이 되면 문지기들이 문을 닫고 빗장을 질러야 하오. 또한 예루살렘에 사는 사람들을 경비병으로 세우고, 지정된 초소와 자기 집에서 경비를 서게 하시오."

예루살렘 성은 크고 넓었지만 사람들은 많지 않았습니다. 아직 집도 다시 짓지 않았어요. 하나님이 이 모습을 보고 귀족들과 지도자들과 백성을 모으라고 했습니다. 지도자들은 예루살렘에 살기로 하고 백성은 제비를 뽑게 했지요. 제비 결과에 따라 10분의 1은 거룩한 성, 즉 예루살렘 성안에 살고 나머지는 성 밖 마을에 살게 되었습니다.

느헤미야는 유다의 지도자들을 성벽 위로 올라가게 했어요. 그러고서 찬양대를 두 무리 세웠지요. 한 찬양대는 성문 오른편에 있는 거름문 방향으로 행진했습니다. 이 찬양대를 따라 호세야(Hoshaiah)와 유다의 지도자 절반이 따라갔어요. 무리는 샘 문에서 곧장 다윗의 성 계단 위로 올라갔지요. 그런 후에 다윗의 집 윗길을 지나 성 동쪽에 있는

**예루살렘 구 시가지
그리스도교 지구**
은색 돔이 있는 건물은 세례 요한 기념 교회다. 그리스도교 지구는 새 문(New Gate)를 끼고 구시가지의 북서쪽에 위치한다.

물 문에 이르렀습니다.

　다른 찬양대는 성벽 왼쪽으로 돌아 화덕 망대 윗길로 갔어요. 느헤미야가 남은 백성을 이끌고 이 찬양대를 따랐지요. 성벽 넓은 곳에 이르러 에브라임 문과 옛 문을 지나 물고기 문까지 갔습니다. 그런 후에 하나넬 망대와 함메아 망대를 지나 양 문에 이르렀지요. 모두 감옥 문에서 멈췄습니다. 이에 두 찬양대가 성전 안에 자리를 잡고 서게 되었어요. 지도자의 절반이 느헤미야와 함께했지요.

　찬양대는 소리 높여 노래를 불렀어요. 그날 하나님이 유다 사람들에게 기쁨을 주었습니다. 사람들은 많은 제물을 바쳤고 행복에 겨워했지요. 여자들과 아이들의 얼굴에 기쁨이 가득했습니다. 기쁨의 소리가 예루살렘 성에서 흘러나와 멀리까지 퍼졌어요.

예루살렘 구 시가지 유대교 지구
유대교 지구에 위치한 후르바 회당이다. 1864년에 재건되어 유대 공동체의 중심지가 되었다. 유대교 지구는 구시가지의 거름 문을 끼고 남동쪽에 위치한다.

느헤미야, 유다 공동체를 지키다

백성은 형제인 유다 사람들을 원망했습니다.

"먹고살 곡식을 얻으려고 아들딸마저 팔게 생겼구나."

"손에 들어오는 곡식이 너무 적으니 밭도 포도원도 집도 저 당 잡혀야 하오."

"왕에게 바칠 세금이 없어 돈을 빌렸습니다. 우리 몸뚱이와 유다 사람들의 몸뚱이가 무엇이 다릅니까? 우리 자식과 유다 사람의 자식이 무엇이 다릅니까? 우리는 아들딸들을 노예로 팔아야 할 지경입니다. 심지어 노예로 팔려 간 딸들도 있어요. 밭과 포도원이 이미 귀족들 손에 넘어갔으니 우리가 어찌할 수가 없습니다."

「사람들에게 율법을 읽어 주는 에스라」
율법 학자이자 제사장인 에스라는 성전이 재건된 후 느헤미야보다 먼저 예루살렘으로 돌아왔다. 성벽 이 재건되었을 때는 백성들의 부 탁에 따라 율법을 강론했다.

느헤미야는 백성의 원망 소리를 듣고 무척 화가 났어요. 깊이 생각한 끝에 귀족들과 지도자들을 꾸짖었습니다.

"당신들은 형제들에게 빌려 준 돈에 너무 많은 이자를 받고 있소."

느헤미야는 잘못된 일을 바로잡기 위해 단단히 결심하고 모임을 열었어요.

"다른 나라로 팔려 간 형제들을 데려오기 위해 갖은 애를 쓴 것을 다 잊으셨소? 이제 와서 형제들을 다시 팔아넘길 셈이오?"

귀족들과 지도자들은 꿀 먹은 벙어리처럼 잠자코 있었어요. 느헤미야가 말을 이었습니다.

"당신들은 지금 옳지 않은 일을 하고 있소. 하나님을 두려워하며 사시오. 이방인 적들에게 웃음거리가 되어서는 안 됩니다. 나와 내 형제들과 내 종들도 돈과 곡식을 백성에게 빌려 줍니다. 하지만 누구도 대가로 이자를 받아서는 안 됩니다. 백성에게 밭, 포도원, 올리브 밭, 집

신·구약 중간 시대

느헤미야의 귀환을 허락한 아닥사스다 재위기 이후 바사는 쇠퇴한다. 결국 마케도니아의 알렉산드로스 대왕이 멸망시킨다. 알렉산드로스 대왕은 헬라·바사·인도에 이르는 대제국을 건설한다. 그가 죽자 헬라 제국은 분열된다. 분열된 왕국 가운데 프톨레마이오스 왕조가 지배한 애굽과 셀레우코스 왕조의 시리아 왕국이 있다.

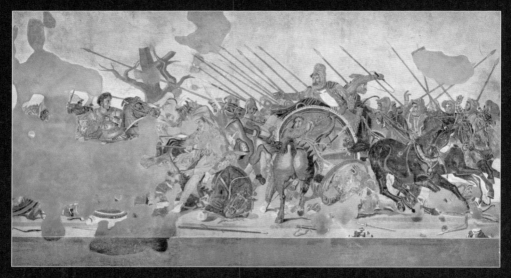

바사 왕 다리오 3세를 무찌르는 알렉산드로스 대왕
알렉산드로스 대왕은 소아시아의 이수스에서 다리오 3세의 바사 대군을 무찔렀다. 위 그림은 폼페이 유적에서 발견된 대벽화.

「안토니우스와 클레오파트라의 만남」
네덜란드 화가 앨머 태디마의 작품이다. 클레오파트라는 프톨레마이오스 왕조의 군주다. 프톨레마이오스 왕조는 기원전 303년부터 약 100년간 팔레스타인을 지배했다.

프톨레마이오스 왕조에 이어 시리아 왕국이 기원전 197년부터 약 30년간 팔레스타인을 지배한다. 시리아 왕인 안티오코스 4세는 유다인을 탄압한다. 안식일을 지키지 못하게 하고 율법책을 불태운다. 유다인 제사장인 마타시아스가 이에 대항한다. 제사장의 아들 유다는 '마카베오'라는 망치를 잘 휘둘렀기 때문에 마카베오라고 불렸다. '마카베오 운동'은 안티오코스 왕조의 탄압에 대항하는 운동을 가르킨다. 얼마 후 시리아 왕국은 로마에 병합된다. 신약 시대에는 로마가 팔레스타인을 지배한다.

「마카베오」
폴란드 화가 야루젤스키 스타틀러의 작품이다. 마카베오 운동의 결과로 유대 왕조인 하스몬 왕조가 탄생한다. 하지만 하스몬 왕조는 약 30년밖에 이스라엘을 통치하지 못하고 몰락한다.

을 당장 돌려주시오. 돈, 곡식, 새 포도주, 기름을 빌려 주고 받은 이자도 당장 돌려주시오."

귀족들과 지도자들이 말했어요.

"모두 돌려주겠습니다. 이자로 아무것도 받지 않겠습니다. 당신이 말씀하신 대로 하겠습니다."

느헤미야는 제사장들을 불러 귀족들과 지도자들의 맹세를 받아 냈습니다.

그 후 느헤미야는 12년간 유다 땅의 총독으로 있으면서 유다 공동체를 복구했어요. 느헤미야는 자신이 유다 땅에서 한 일에 대해 하나님에게 기도를 올렸습니다.

"저는 12년간 유다 땅의 총독으로 지냈습니다. 저와 제 형제들은 총독에게 지급되는 음식을 먹지 않았습니다. 이전 총독들은 백성에게 세금을 부과해 음식, 포도주, 은 40개를 매일 내게 했습니다. 총독 밑에 있는 사람들마저도 백성을 괴롭혔지요. 하지만 저는 하나님이 두려워 그렇게 하지 않았습니다. 저는 성벽을 쌓는 일에만 온 힘을 기울였습니다. 땅을 사들이지도 않았지요. 성벽 재건을 위해 모인 제 종들도 마찬가지였습니다.

저는 유다 지도자 150명과 유다 백성뿐 아니라 다른 나라에서 온 사람들까지 거두어 먹였습니다. 매일 황소 한 마리, 질 좋은 양 여섯 마리, 닭 여러 마리를 잡아 음식을 준비했지요. 열흘에 한 번씩은 포도주도 넉넉히 준비했습니다. 하지만 저는 총독이 받아야 할 음식은 전혀 받지 않았습니다. 백성의 짐이 너무 크고 무거웠기 때문이지요.

주님, 제가 백성을 위해 한 일을 기억해 주십시오!"

말라기
구약 성경의 마지막 책은 「말라기」다. 하나님은 선지자 말라기 활동기 이후 약 400년간 침묵한다. 「말라기」 4장 2절에 "공의로운 해가 떠올라서 치료하는 광선을 비추리니"라는 구절이 있다. 400년이라는 긴 침묵을 깨고 세상의 빛으로 올 예수 그리스도를 예언하고 있다.

MALACHIAS

어떻게 52일 만에 예루살렘 성벽을 재건할 수 있었을까요?

성경에는 사람들이 이해하기 힘든 사건들이 있습니다. 그 가운데 하나가 귀환한 이스라엘 백성이 '52일 만'에 예루살렘 성벽을 재건했다는 느헤미야의 기록이지요. 역사가 요세푸스는 '실제로 공사한 기간은 2년 4개월'이라고 주장했습니다. 어떤 사람은 52일은 마무리 공사 기간이라고 해석하기도 하지요. 하지만 자세히 살펴보면 전혀 불가능한 일도 아니랍니다. 첫째, 성벽이 모두 파손되어 있던 것은 아니었습니다. 따라서 파손된 부분을 보수하고 금이 간 부분만 메우면 충분했어요. 물론 동쪽 벽은 기초부터 다시 세워야 했지요. 둘째, 건축 자재가 거의 확보되어 있었습니다. 돌은 폐허에서 꺼내 쓰면 되고, 다른 재료 역시 갖춰진 상태였어요. 재료 때문에 시간을 낭비할 필요가 없었지요. 셋째, 여리고, 드고아, 기브온, 미스바 등 인접 지역 사람들이 예루살렘 거민들을 도왔습니다. 넷째, 외부로부터의 방해와 위협이 작업자들의 긴장감을 높였을 거예요. 긴장감은 작업자들이 쉬지 않고 일할 수 있는 원동력이 되지요. 다섯째, 당시 예루살렘 성의 규모는 현재보다 작았을 것입니다. 여섯째, 재건 공사에 참여한 백성은 자발적이고 헌신적으로 일했습니다. 마지막으로 느헤미야의 뛰어난 지도력이 더해졌다는 것을 고려하면, 성벽 재건 기간은 52일도 충분하지요.

제임스 티소가 그린
「신약 시대의 예루살렘 성」